留住历史的记忆

奚保国 编著

上海社会科学院出版社

序

奚保国先生把《留住历史的记忆》书稿交给责任编辑以后不久，就给我发来微信，希望我为其作品写"序"。这让我很为难。曾经有好几位作者向我提出过类似想法，我都婉言谢绝，因为我深知自己不是这方面的专家，无法说出个道道来。但对奚老先生我却不能这样做。一是因为感情。十多年前，我曾经在3年的时间里，为浦东新区社区学院策划编辑过"浦东新区社区教育丛书"29种，其中有近10种是国家级、市级和区级非物质文化遗产代表性项目，奚老先生就是市级非物质文化遗产代表性项目"浦东山歌"读本的作者。二是因为兴趣。由于策划编辑"浦东新区社区教育丛书"的缘故，结识了好几位非物质文化遗产代表性传承人，又为他们编辑出版了数本这方面的图书，获益匪浅，进一步提高了我学习、欣赏上海市非物质文化遗产的兴趣。所以，我回复奚老先生，关于写"序"，等我拜读书稿后再与您商量。

当责任编辑把《留住历史的记忆》快递来请我终审后，阅读书稿中的一篇篇文章，我似乎闻到了浦东大地的芳香，听到了浦东人浓浓的乡音,更让我想起了习近平总书记关于"记住乡愁"的金句。2019年初,习近平总书记在北京老城前门东区看望慰问基层干部群众时,说出了这句意味深长、直击人心的话:"让城市留住记忆,让人们记住乡愁。"

《留住历史的记忆》共分5辑:张江镇的故事、唐镇的故事、钱万隆酱园的故事、浦东的习俗和随笔。阅读书稿,让我了解了如今已成为创业热土、国家科创中心的张江镇(历史上称为"古桐里"与"张江栅镇")的由来、唐镇(历史上称为"唐墓桥镇")的成因,看到了两地名人乡贤为民兴教、为国育才的动人事迹,知晓了两地商海贤达以诚待人、以信立业的经商之道,我钦佩两地企业家敢为人先、勇闯第一的创新精神,赞叹两地先人勇抗日寇、无私援助新四军、为上海解放奋不顾身的大无畏精神。这一篇篇文章,是张江、唐镇原住民的后代记住乡愁的好教材,也能激发那些正在"中国南方硅谷"为祖国科研事业拼搏奋斗的新上海人对第二故乡的深深的热爱。

"城市记忆"既包括物质要素和风貌景观,即"场所记忆",也包括非物质文化记忆,尤其是当地非物质文化遗产代表性项目,更能让生活在当地的人们所接受、所记住,坚定文化自信。由于奚老先生是国家级非物质文化遗产代表性项目《钱万隆酱油酿造技艺》一书的主要撰稿人,所以在《留住历史的记忆》中专设"钱万隆酱园的故事"一辑,详细介绍了让张江人为之骄傲的"钱万隆酱园"的百年历史,让我们看到了钱万隆人的聪明才智,使酱油酿造传统技艺迎合海派饮食文化;更看到了他们在纷繁复杂的商业环境中坚守钱万隆"诚信求精"的理念,顽强守护珍贵的酱油酿造传统技艺的坚韧毅力。

年逾八旬的奚老先生是上海市非物质文化遗产代表性项目"浦东山歌"的代表性传承人。他从青年时代起就是浦东山歌的积极推广者,曾被川沙县文化馆选中参加市歌咏比赛,在上海市群众文艺交流演出中由他领唱的浦东山歌《问答山歌》获得了好评,受邀上海人民广播电台录制后,在农村广播节目中播放。2009年后,他依靠自己对浦东山歌曲目和对浦东民俗文化研究的积累,将消失了半个世纪的浦东山歌编写成教材,在村里教唱浦东山歌,并组建浦东山歌队。2013年,张江镇的浦东山歌先后被选入浦东新区、上海市的非物质文化遗产保护名录。因此在《留住历史的记忆》中有几篇涉及浦东山歌的文章。特别是那篇《坚定文化自信,浦东山歌唱出时代新声》,让我明白了流传已久的传统民间文艺"浦东山歌"能在令人眼花缭乱的现代氛围中生存发展,能在"高大上"的张江科学城的环东生态园里唱响,能走出上海、在"村歌嘹亮"2024年全国集中展演中一展风采的原因。奚老先生认为,"非遗"是优秀的传统文化,但不是一成不变的。浦东山歌的特点就是与时俱进,以前的山歌是结合当时那个年代的生活来进行创作的,现在的作品则不断充实进新的内容。因此在新时代,奚老先生和其他几位浦东山歌推进者们一道,配合政府大力推进的河长制,创作排演了浦东山歌音乐剧《亲亲河水水清清》;结合浦东地区传统的宴席菜肴,创作排演了浦东新山歌《吃吃浦东老八样》;结合党的十九大精神的宣传,创作了浦东山歌音乐剧《新来的钟点工》;还创作了反映新生活的《家门口服务体系真正赞》《美丽庭院好得来》《采菱新曲》《垃圾分类真重要》《乡村人才公寓赞》等浦东新山歌。正是因为这些新山歌做到了传承历史文化与融入现代文明的有机统一,才使它们有旺盛的生命力。

阅读完《留住历史的记忆》,在我脑海中对奚保国先生形成了一个完整的印象:一位笔耕不辍的乡土文化传承人。

是为序。

陈军[*]

2024 年 11 月 2 日

---

[*] 作者为第十一届上海市政协文史资料委员会副主任,上海社会科学院出版社原副社长、总编辑。

目　录

● 序 / 1

● 一、张江镇的故事

　　张江镇的由来 003

　　华海堂沉浮 006

　　张江栅的街道 009

　　张江栅的庙宇 012

　　煎盐灶与三王庙 015

　　钱楠与钱家天主堂 020

　　"营房桥"与"无头狮子"的故事 027

　　"张江栅义学"与"孔庙"的逸事 029

　　我国人寿保险业的先驱吕岳泉 032

　　环东村的人文历史探考 044

　　环东村历史上的盐文化 048

II 留住历史的记忆

● 二、唐镇的故事

唐墓桥镇的成因 053

王港镇的由来与变迁 057

秦家宅的变迁 061

唐家山店贤儒宅 064

唐氏两代耀国光 070

平民秦金桃 077

商海贤达陆清泽 084

话说唐镇的毛巾业 088

夜袭王家港 093

"麻子状元"的传说 097

龚家祠堂 100

唐镇小学的变迁 104

擎起星星火炬的三代辅导员 108

唐镇幼儿园——小苗成长的乐园 114

老树侧畔万木春 120

那高楼上的红心十字徽标 125

医疗保障惠农家 129

● 三、钱万隆酱园的故事

钱万隆酱园的始创 137

钱子萌与钱万隆 142

钱万隆功臣袁耕堂 150

钱万隆第三代传人钱安伯 153

三代元老吴伯鸿 159

钱显平时期的钱万隆酱园 165

中华人民共和国成立后的钱万隆 169

钱万隆的"官酱园"招牌 174

酱油酿造的溯源 177

历史上酱油酿造的流派 181

百年酱香钱万隆 184

钱万隆,舌尖上的"非遗"去哪了? 186

● 四、浦东的习俗

冬至的习俗 193

清明节习俗 199

地藏王菩萨开眼 205

中秋佳节点香斗 208

过年喜闻酒粞香 211

勾糖与做腊豆腐 215

远去的记忆——宣卷 218

旧时炊具羊角瓶 227

趣说馄饨 230

历史上浦东人的岁时风俗 232

历史上浦东人天象农事的占验 235

● 五、随笔

潮起潮落吕家浜 241

唱响时代主旋律 243

感知炉霍

　　——读《守望故乡》有感 245

桂花咏 248

诗词三首 250

谈谈诗歌的起源、发展与写作 253

Ⅳ 留住历史的记忆

家庭酿酒技艺 266

介绍浦东山歌 281

坚定文化自信　浦东山歌唱出时代新声 288

吴敬明的学习事迹 292

一、张江镇的故事

- 张江镇的由来
- 华海堂沉浮
- 张江栅的街道
- 张江栅的庙宇
- 煎盐灶与三王庙
- 钱楠与钱家天主堂
- "营房桥"与"无头狮子"的故事
- "张江栅义学"与"孔庙"的逸事
- 我国人寿保险业的先驱吕岳泉
- 环东村的人文历史探考
- 环东村历史上的盐文化

张江镇的由来

●

张江镇,为何要叫"张江"镇?有些人说孙桥、金桥以"桥"来命名,黄楼以"楼"来命名,这里又没有"江"为何要以"张江"这两字命名?笔者在年轻时曾带着这同样的问题询问众多"乡老"与"学究",才知其由来。

张江镇在明代称"古桐里"("里"是古代的地方行政组织,《周礼·地官·遂人》:"五家为邻,十邻为里。"汉代时十户为邻,十邻为里。《明史·食货志二》:"以一百十户为里,里分十甲。")宋元时在过去的南街已有村落,最早的先民为吴姓,曾以种菜蔬为业,"吴家园地"曾名扬一方。继后有张姓、叶姓、刘姓、杨姓、朱姓等姓氏的居民在此定居。由于地处浦东腹地,又是水陆交通的交会处,是一个信息、商品交换的好场所,在吕家浜南"吴家老宅"旁慢慢地形成了集镇,这就是后来的南街。因为在"吴家老宅"前有百年梧桐树两株,故被命名为"古桐里"。据传该梧桐树生长方位在南街上的"懋泰槽坊"厅楼前东南角,即现在的广兰路和江东路交叉口的偏东北处,于清朝乾隆年间枯死。这便是"古桐里"地名的来历。

明嘉靖三十三年(1554年)倭寇大举侵扰江浙沿海,浦东地区也受其害。当时古桐里有一姓张名江的豪绅,郡名为"清河",堂号为"华海堂"。传说其祖上是贩私盐出身,不但武艺高强,而且富甲一方,古桐里吕家浜南北两岸大都是华海堂的田产。张江为人豪爽,乐善好施,武艺高强,门客众多。张江见倭寇来犯,即组织乡勇抵御。"古桐里"及周边地区的民众,在张江的组织指挥下,严阵以待,有力打击了倭寇的嚣张气焰,使倭寇闻风丧胆,保了一方平安。

明隆庆年间(1567—1572),张江在吕家浜北岸、老马家浜西岸建造了数十间店面房,形成了古桐里的北街与大街。他还出资在古桐里四周建造栅栏及各街口建造栅栏门,设防守护。在"北栅口"建造"更楼"一座,瞭望敌情兼"敲更报时"。从此开始,古桐里集镇规模逐渐扩大,到清乾隆年间(1736—1796),有二百余家商铺。

张江因倾家组织民众抗击倭寇的义举,受到了人们的崇敬。人们为了纪念张江,把他建造的栅栏称为"张江栅",从此以后"张江栅"成为"古桐里"的代称。并在太平桥东首吕家浜南岸建造一座有九只狮子雕塑的凉亭,取名"九狮亭",寓意张江"抗倭救世"。九狮亭与吕家浜北岸天宝桥东首的"文昌阁"是旧时张江的两处名胜。可惜"九狮亭"在清光绪年间(1875—1908)

疏浚吕家浜时,因年久失修而破败被拆毁,文昌阁亦于20世纪80年代,被当时的有关部门认为无保留价值而被拆毁。

"古桐里"与"张江栅"这两个名字在一段时间中同时被民众使用着,"张江栅"又被简称为"栅塱"。清代乾隆年间之后,古桐里从"里"变为"镇",以"张江栅"命名,称"张江栅镇",从此"古桐里"淡出了人们的记忆。20世纪60年代后流行简称,如把"唐墓桥镇"称作"唐镇"、"孙小桥"称作"孙桥"、"金家桥"称作"金桥"、"城厢镇"称作"城镇"、"张江栅镇"也就被称作"张江镇"了,这便是"张江镇"的由来。

华海堂沉浮

●

张江镇是浦东地区唯一以历史人物命名的镇,张江是明嘉靖初年至万历初年间人,因张江家的堂名叫"华海堂",所以里人对该户张家都以"华海堂"相称。我在年轻时听老一辈人说,在明嘉靖三十三年(1554年)"华海堂"主人张江组织民众抗击倭寇,保一方平安,尔后又建市舍、造栅栏,开创了古桐里的繁华。当时吕家浜以北的古桐里市舍都是"华海堂"的产业。清乾隆、光绪年南汇县志也有记载:张江栅镇,邑北七十里,一名古桐里,乾隆丁巳年(即乾隆二年,1737年)进士黄槐居此。居民廛肆二百余家,相传明隆庆时(1567—1572)有张姓名江者创建市舍,故名。

"华海堂"张氏自明末清初时家道开始中落,多处市舍易主。到清乾隆年间,有张江的第八代裔孙张熙纯,字策时,号少华。张熙纯幼年丧父,在母亲和兄长的指导下苦读诗书,二十岁上以文才名震府县,时人评其"文如泉涌,诗更清丽拔俗,尤长乐府"。曾受聘省府学馆教授,常为"学使"所请校阅试牍。事母亲、兄长尽孝道,得薪俸后常买些补品孝敬母亲。乾隆二十七年(1762年),张熙纯参加朝廷献诗,名列二等,赐"宫绮旋中",并得中"顺天府"壬午举人。乾隆三十年(1765年)乾隆皇帝下江南,张熙纯参加"南巡奏赋",钦取一等五名,被授"内阁中书",任"方略馆"纂修官。乾隆三十八年(1773年),参加《四库全书》编纂,由于劳累过度,染肺痨病故,享年仅43岁。著有《华海堂诗集》《昙华阁词钞》。张熙纯胞兄熙绪,字伯时,无子,以兄子培材为嗣,孙名慕骞,是乾隆末年庠生。

张熙纯的成就很大程度上得益于其族兄张纯熙的关爱与栽培。张纯熙,字仲时,能诗文,并且熟悉历史掌故,知识丰富渊博,曾被广东巡抚收为幕僚,深得巡抚倚重。后随巡抚入京,被怡贤亲王请为门客,著述甚多。张纯熙生性敦厚,族弟病故后,抚养二侄如子,延师课读俱补诸生,并把自己所积的资财与之均分,乡里对他很是敬重。其子张泰字伯原乾隆末年贡生,文才也有名。

华海堂张氏,自张熙纯以后的数代裔孙,虽都饱读诗书,但由于健康状况寿限不济,家道一代不如一代。到咸丰年,华海堂两侧仅存的市舍易入陈氏之手,到民国初年华海堂张江的第十四代、十五代裔孙相继病故,"华海堂府宅"也卖给了我家的一个亲戚。可叹曾显赫数百年的华海堂张氏,至此竟沦落到如此境地。

华海堂府宅就在现在的张江镇新西街20—22号,中华人民共和国成立前后,20号是梅章海(梅阿海)开设的裁缝铺,22号则是我家租用居住,我父亲在这里开设诊所。那时,临街是两栋砖木结构的楼房,后面是天井及华海堂的客堂,在客堂开有后门,开出后门便是华海堂张家母女居住的两间屋。因我外公张家与华海堂张家是同宗,按辈分母亲要我叫张家母亲为婆婆,叫她的女儿为姨妈。母亲看她们孤苦,时有钱物接济。华海堂婆婆为使华海堂张氏的香火得以延续,托人为她女儿招赘上门女婿,但家境与人才好一些的人家没人愿意,最后在栅北倪家宅,有一个同样穷得叮当响、目不识丁的人称"麻子金根"的倪金根入赘上门。也没有热闹的婚礼,只是在岳母前双双磕了三个响头算完事。倪金根虽是满脸麻子,却不怎么难看,为人憨厚且有一手不怎么高明的泥瓦匠手艺,待岳母很是孝顺,夫妻也恩爱,生有四子一女,是华海堂张江的第十六代裔孙。从此好一个书香门第华海堂张家,沦为白丁人家。

张江栅的街道

●

集镇是商品、文化、信息交流的场所,街道是形成集镇的必然条件。街道的数量、长短决定集镇的规模大小。集镇的规模是随着地方经济的发展需求逐步形成。张江栅在清末时期有南街、北街、东街、西街、大街、小街、西南街、新街八条街道,还有杨家弄、扎口弄、野猫弄、义学弄、龚家弄。张江栅镇是规模不小的"汇北重镇"(1950年前张江栅镇隶属南汇县)。

江南水乡的交通运输以船运为主,所以都是依水建镇。张江栅镇地处吕家浜、马家浜、沥浜这东西南北三条浦东腹地主要水道的交会处,在商品信息交流中有着得天独厚的条件。

张江栅最早的街道是南街,形成于明朝初年。到明代隆庆年间(1567—1572),华海堂主人张江,从马家浜口沿吕家浜北岸向西至其华海堂府宅的道路两旁,及沿马家浜向北二三十米的道路两旁,建造了数十间市舍,这便是以后所称的"大街"和"北街"。连接南、北街的一座木桥横跨吕家浜,在清乾隆四十年(1775年)由商界集资改建石桥,取名"太平桥",到清道光十六年(1836年)疏浚吕家浜时,因河面加宽,用移局费重建。

天保桥横跨马家浜,连接大街向东通向王家港的官路。天保桥始建于明万历三年(1575年),清雍正年间,里人沈从教、唐天然出资重建,为单孔拱桥,嘉庆年间孙孝伯作一次修缮,同治癸亥(1863年)里人重修。从明万历年间始,天保桥向东的官路两旁陆续建起了市舍,形成了东街,到乾隆末年东街延伸到朱家厅附近;华海堂家庙天竺庵向西的官路两旁至杨家弄堂,也陆续建起了市舍,形成了西街,到民国末年,西街延伸到了观音堂附近。

现在的糖坊街是清雍正年间唐氏、吴氏及叶氏所建市舍,当时称"西南街",民国初年在西南街南端开设了做饴糖的糖坊,因此人们又叫它糖坊街。横跨吕家浜连接糖坊街与大街上"扎扣弄"的石桥,是在清乾隆十七年(1752年)由商界集资由木桥改建的,取名"众安桥"。

在众安桥至太平桥之间的吕家浜南河沿,刘氏、闵氏、洪氏等相继建起了中间街道两边店面的市舍,为与北岸的大街相对应,称其为"小街"。道光十六年(1836年)疏浚吕家浜时为了河面加宽,小街的沿河一侧市舍被拆毁。

清同治六年(1867年),钱楠在张江栅开设"钱万泰米布庄"后,从钱万泰米布庄至大街的道路形成了街道,即"新街"。1897年"钱万泰米布庄"改号为"钱万隆酱园"后,新街又称"酱园弄"。

自从张江建镇始,随着时代的变迁,街道市容也发生着变化。延至民国末年,市舍大都是木结构二层楼房,街路是毛石块铺就的石街路。

张江栅的古代建筑,在天保桥东下堍北首,有建于明朝末年的方形二层飞檐小楼"文昌阁",在太平桥南下堍东首,有建于万历年间的"九狮亭"。从乾隆年间开始,张江栅进入兴盛时期,当时已有商铺作坊二百余家。

张江栅的庙宇

●

旧时张江栅镇有天竺庵、观音堂、孔庙、关帝庙、城隍庙等多处庙宇,是浦东地区传统文化建筑较完整的集镇。天竺庵是张江栅镇上最早的庙宇,建于明嘉靖年间,原是华海堂张氏之家庙,位于华海堂府宅右旁。至清雍正年间,因庙舍破败不堪,里人沈虹雯、沈麟瑞倡议重建,黄应文捐田七亩(折银)。重建后的天竺庵有前后两殿,后殿为大雄宝殿,供奉如来佛与左胁侍菩萨、右胁侍菩萨的金身,大殿两侧是住持尼姑的生活起居室。西厢是观音殿,供观音菩萨;东厢是地藏殿,供地藏王菩萨。前殿的正厅供奉关帝及周仓、关平的金身神位,东厅为阎王殿。自从天竺庵的前殿供奉关帝的神位后,人们把这部分的建筑称作关帝庙,随着年代的变换,一般的人们也只知关帝庙而不知天竺庵了,大有"喧宾夺主"之嫌。历代的志史上倒是只有天竺庵而无关帝庙的记载。清同治元年(1861年),太平天国的"东征军"征战至张江栅,由于太平军宗教信仰上的敌视,天竺庵被毁。同治五年(1866年),里人周如春发起劝捐,按原样重修。天竺庵门前至吕家浜是一片空旷的场地,俗称"庙场"。民国初年,陈学义、钱之荫组建商会,在庙场南端沿吕家浜口建造了三间二层的商会小楼。天竺庵北,是史志上所述的"华海堂天竺庵庙田"所在,也是义葬场所,俗称"毁人滩",1948年这里建造了汇北中学。

《法华经观世音菩萨普门品》中称观音菩萨大慈大悲,有求必应,能观世界之声音,众生不管有什么苦难,观音菩萨都能闻声往救。如此救苦救难、神通广大的女神,自然备受中国民间信众的崇拜。所以专供观音菩萨的庙宇"观音堂"也相应而生。张江栅的观音堂在栅西顾家宅石桥东首的吕家浜北岸。相传建于明崇祯年间,清乾隆年间栅西顾家宅的顾信公发起重修,清光绪年间栅南陈家宅的陈时泰再一次发起重修。至中华人民共和国成立之初,尚有尼姑两三人,1958年以后,尼姑还俗,观音堂改作废品收购站及棉花收购站。

在张江小学内,过去有一处一正两厢房带墙门的"缟圈房子",这里曾是张江栅孔庙,在20世纪的五六十年代便已鲜为人知了。这座孔庙建于何时?一说是建于明代,一说是建于清乾隆时期。笔者认为后者可能性更大,清康熙到乾隆年间,张江栅地区社会安定,经济的繁荣促进了文化教育的发展,处处皆闻读书声。在这种文化氛围下,张江栅于乾隆年间出了个进士黄槐和钦点诗人张熙纯也并非是偶然事。所以孔庙建于乾隆年间比较合理。张江栅的孔庙较为简朴,只是在正厅向后延伸有约20平方米的建筑,安放孔子的神龛及祭台,上方挂有"万世师表"的匾额。每逢春秋两季,张江栅及周遍地区的文人学子,均前往拜祭这位"万世师表"的"至圣先师"。在20世纪60年代初还健在的洪鉴清老先生、徐叙生老先生、陆秋萍老先生年轻时,都曾参加拜祭活动。清光绪三年(1877年),在秀才徐同春的倡议下,孔庙的厢房内办起了"张江栅义学"。光绪三十四年(1908年),钱锦南(钱楠)、周学濂将义学改办为新式学堂——"振新小学堂",清末秀才吴晋云任校长。五四新文化运动中,在"打倒孔家店"的口号声中,振新小学的师生们捣毁了孔子的神龛,摘下了"万世师表"的匾额,此后的近半个世纪,孔子一直被当作封建礼教的祖师爷而被批判,张江栅的孔庙也渐渐地被人们淡忘。

一个集镇形成了相当规模后,人们总希望有神的力量来保护,于是也就有了"城隍老爷"与"城隍庙"。张江栅的城隍庙在东市梢朱家厅旁,面临吕家浜。在清嘉庆二十一年(1816年)由里人沈调五、徐钦犟二人募资建造,有前、后二进。清同治元年(1862年)为太平军所毁,清光绪二十二年(1896年)栅南孙家宅的孙日晟及奚家宅的奚仲耕捐资重修。史载道光年间,怀济和尚在城隍庙做住持。怀济有医术,精眼科。他积聚为人治病的筹资用以修庙置田,深得地方百姓的敬重。清光绪二十四年(1898年),城隍庙内设"汛地"(清朝防兵分驻地的地方),负责地方治安,后改称"巡防局",民国后改称"警察局"。光绪二十五年(1899年)城隍庙又附设"善堂",任命周学濂为经理,其工作是负责施棺掩埋。

煎盐灶与三王庙

●

　　张江镇的环东中心村,是由过去的三灶、四灶、桥弄三村合并而成。三灶、四灶地名的来历,要从古时说起。

　　根据历史记载,在唐朝开元元年(713年),朝廷修筑了起自浙江盐官(海宁)至吴淞江、长一百五十里的"捍海塘"。现在的航头至花木镇这一段沪南公路就是筑在这条捍海塘上。在那时的捍海塘外,有"咸潮"所到的海滨是盐场,因地处长江口的冲积岛"上沙"(即崇明)之下,所以这一片盐场被称作"下沙盐场"。管理署设在"鹤沙",因此"鹤沙镇"也叫"下沙镇"。当时生产盐的方法是淋卤水煎煮,产盐的速度快、产量高、质量好。该地海滩上盛产芦苇,有了现成的芦柴做燃料,煎盐须垒灶,从事盐业生产的人称"灶丁"。在古代,浦东海滨未开垦的滩涂草荡属公田,归"下沙场"管理。煎盐的从业人员须在下沙场申请登记,取得"灶丁"的资格,每丁授草荡十八亩,即可从业煎盐,每年支工本铜钱二吊六百余文,办盐三引余(一引二百斤)。距海滨三十里远的地方称"水乡",为控制盐业经营,水乡的人是不准煎盐的。水乡的人只能拿了卤水、柴草、粮米或铜钱请灶丁代煎。当时的"下沙场"下设四个"灶群",自南至北为一灶、二灶、三灶、四灶,每个灶群有煎盐灶舍一二十处。后来又在"一灶"南首增加了四个灶群,现在,在周浦镇南还有"南八灶"的地名。

随着时间的推移,长江口外泥沙不断沉积,此处的海滩也不断向外延伸。到了宋代天禧元年(1017年),浦东的海滩已延伸到了现在的"浦东运河"这一线。下沙北部盐场的海滩外,逐渐成为长江江水流入大海的主通道,海水渐渐淡化,此处盐场的五个灶群遂逐渐废弃,下沙场的盐灶群逐渐南移。

北宋靖康二年(1127年),金兵入侵中原,大批中原百姓逃往江南。原本人口稀少的浦东,从此人丁兴旺,灶丁的人数大增,下沙场的盐业生产得到空前的发展。在"石笋里"南,设有"南一灶"至"南七灶"七个盐灶群,"石笋滩"以北,设有"北一灶"至"北八灶"八个盐灶群,每个灶群有煎盐灶舍三五十处不等。南宋建炎年间(1127—1130),朝廷在"石笋里"设"两浙盐运司署",不久,"下沙盐场"场署也迁至"石笋里","石笋里"成为"下沙场"新的盐场衙门所在,从此"石笋里"被称作"新场"至今。此时下沙场下设九个团,每团管二三个灶群不等。南宋绍兴年间(1131—1162),为方便运盐,开凿了"内护塘港"(又称"运盐河"),疏浚了十八条灶门港。至明洪武元年(1368年),

立"都转运盐使司"于杭州,设"松江分司"于"下沙场"的新场镇,统领九团。明正统五年(1440年)分场为三,每场辖三团,各置大、副使。元代时设在下沙镇的"盐课司"也被迁至新场,"北桥税司"也在这里设收税处。盐业的兴盛,开创了新场镇的繁华,史书记载其"南、北街四五里,东、西街各二里许,科第二朝称盛。歌楼酒肆、商贾辐辏,乡人有赛苏州之谣"。

自"石笋里"南北开设新的盐灶群后,因为在唐及五代时开设的灶群规模较小,在建制上就以"小"字来区分同类编号,称小一灶、小二灶、小三灶、小四灶、小五灶,但当地民众倒没有称"小"的习惯,仍使用原名。此处灶群废弃后,"下沙场"将草荡田地佃、卖与耕者,变为农耕之水乡。其中在三灶、四灶之地有陈姓、奚姓、顾姓、蔡姓、郭姓、庄姓等在此定居,形成了密集的村落,"三灶""四灶"作为此处的地名沿用至今。元代至正年间,曾在横沔港上建造"陈推官桥"的推官陈明,就居住在三灶。三灶慢慢发展成一个重要的乡村集镇,称"三灶镇"。民国初年,为区别北三灶的"三灶镇",该"三灶镇"改称"三王庙镇"。

三王庙位于"三灶镇"的万安桥东首三灶浜北岸,是浦东地区现存历史较为悠久的佛教道场之一。此地域在唐天宝十载(751年)起属松江府华亭县,元代至元年设上海县,归上海县,清雍正四年(1726年)设南汇县,该地域行政区划归"南汇县长人乡十七保十二图"。据史志记载:"该庙为元代至正年间推官'临淄郡侯'陈明之妻奚氏所建之家庙,别有一王庙、二王庙在西南汇县境,均未详所祀何神。"[一王庙在周浦镇北,二王庙在周浦镇泰安桥南,据史志记载均为陈明之妻奚氏所建。清嘉庆年间为疏浚"咸(盐)铁塘"新港,凿庙为基,二王庙遂终废]。在元代至正年间"三王庙"与附近的"普净禅院"(即大圣寺)共有僧尼近二十人,终日香火不断,乡里信佛民众甚广,每逢阴历节日,四乡八里前往进香的善男信女络绎不绝,成为一方名刹。

延至二百多年后的明代嘉靖三十三年(1554年),倭寇侵扰江浙沿海,三王庙毁于匪祸。幸有善人蔡士安的善举,保存了佛像、修缮佛殿。三王庙虽得以饬整,但难与昔日相比。明万历二十七年(1599年),信徒康性敏渡海朝觐普陀山观音大士后,不忍三王庙之萧索冷落,遂与士人张元珣、张延宪、奚君、蔡士安之孙等集议重修三王庙。在众信徒的资助下,在康性敏,费尽心血、历尽万难,于万历二十九年(1601年)重修三王庙。重修后的三王庙共有三殿,"金碧辉煌、玄关肇启、梵音朗朗、达于丙夜"。可见当时庙宇壮观,信众至诚,香火旺盛。

二百多年后的清代同治元年初(1862年),太平军进军浦东,由于太平军宗教信仰上的敌视,三王庙复遭劫难,毁坏夷遗。清光绪二十五年(1899年),里人顾荣蕊、顾泰山、郭文彪与住持量修集资重建三王庙。信众们又捐耕田二十四亩做庙田,以供僧众耕食。三王庙得以延续。

1947年,为发展教育事业,借庙兴学,三王庙内办起了"三灶小学"。1958年,尼姑还俗,宗教活动基本停止。1966年,在"文化大革命""破四旧"的热潮中,佛像全数被捣毁,庙产归学校所有,三王庙不复存。可叹三王庙这历史悠久的佛教文化古迹,只存下一栋破旧的后殿,还有那四只石础与一块残碑,淹没在荒草之中。

1999年,浦东新区宗教办落实宗教政策,开放三王庙作为宗教活动场所,并委派原上海慈修庵知客克莲法师主持三王庙的修复和日常工作。虽然在旅美侨胞顾雪英女士捐助建造了雪英小学后,三灶小学得以迁出,但庙舍破陋不堪,重修三王庙困难重重。克莲法师不畏艰难,本着"庄严国土、利乐有情、法轮常转、正法久住"的宗旨,为修殿安僧四处奔波。她尊承佛教法仪进行宗教活动,深得八方信众的拥护支持。当地的实业家瞿建国不但乐助二十余万元人民币,还劝募其好友仰融先生乐助人民币二百万元。顾雪英女士也乐助五万元人民币。在八方信众的乐助下,修复三王庙的工程开始了。2001年12月23日,三王庙主体建筑大雄宝殿落成,两侧二层厢房也相继完工了一层。(西厢用原新康村"仁寿庵"俗称"钱家庙"的动迁款建造,内供仁寿庵移来的佛像)。2004年底,山门及天王殿落成,2005年两侧厢房的第二层建筑也告完工。所有佛像,从2001年起至2005年陆续请装完善。

重修后的三王庙,占地4697平方米,建筑面积2976平方米。巍巍壮观,彰显佛法庄严。这浦东地区最古老的佛教文化遗迹,如凤凰涅槃般重现新的活力此乃克莲法师与广大信众的无量功德。2005年12月26日,三王庙更名为碧云净院,成为佛教净土宗的寺院。

钱楠与钱家天主堂

●

在张江镇的西北、祖冲之路北的居里路469号,有一座被周围楼群守护着的天主教教堂——圣母圣心堂。在清代,教堂旁的钱家宅及西首的大陆家宅、东首的赵家宅,是有名的教徒村,因为该教堂地处钱家宅旁,所以俗称钱家天主堂。钱家天主堂距今已有一百五十年的历史,是张江镇镇域内规模最大的一座天主教教堂。要说起钱家天主堂的故事,绕不开一个人——钱楠。

钱楠,字锦南,出生于张江栅钱家宅一个虔诚的天主教徒家庭,有兄名柏,字锦伯,少年时期兄弟俩均就读于法国天主教耶稣会创办于1850年的徐汇公学(当时也叫圣依纳爵公学,后改称徐汇中学,是沪上最早的西式学校)。尔后其兄跟随有医术的法国传教士学医济世,钱楠则跟随法国神父卜亦奥和费都罗做事,后来又跟着法国传教士,之后升任为东南教区、江南教区主教的郎怀仁做事。由于他年轻干练,又凭着教会的关系,上海道台吴煦对他甚为赏识,委以张江栅地方总董,从此钱楠开始在官场行走。咸丰九年(1859年),他发起集资建造钱家天主堂(即圣母圣心堂)。当时农村中虔诚信佛的民众对"洋教"的排拒心理是十分严重的,当一座高过西边"钱家庙"(即仁寿庵)的"洋庙"耸立起来后,信佛民众意见很大。钱楠为缓解矛盾,在堂前河岸旁建造了一堵风水墙,以避免与"钱家庙"相冲。但信佛民众仍不罢休,一纸诉状把钱楠告到南汇县衙,诉其建造了"超过三踏步台阶的通转走马楼,又是反装格子窗、隔河照壁"的犯朝廷规矩的建筑。县衙派员核查确实如此,就把钱楠拘捕入县衙监狱。这可急坏了当地天主教教民与钱家的人,这可是杀头之罪啊!钱楠之兄钱柏急忙赶到董家渡天主教江南教区主教座堂,告知江南教区副主教兼耶稣会会长梅德尔神父[①]请其营救。梅德尔得知后火冒三丈,马上到道台衙门对道台吴煦道:"依据中法两国在1844年5月签订的《黄埔条约》明文规定,在中国的通商五口可以建造教堂,如今本教教民建造教堂,你的属下南汇县知县竟然将他定罪拘捕,请问这究竟是谁在犯罪"?道台闻知大吃一惊,急忙道歉,并与梅德尔一起赶赴南汇县县衙,把钱楠接出监狱,还责成南汇县知县邓贤芬将那些告发者反坐,钱楠认为如此不可,冤冤相报非天主之念,仅要求发布告警诫。这样,曾轰动一时的"钱家天主堂教案"始告平息。

咸丰十年(1860年)五月,太平天国忠王李秀成发动东征。连克常州、苏州、太仓、松江、平湖、乍浦,直逼金山。咸丰十一年

(1861年)八月初五太平军克金山卫,金山卫是沪之门户,金山卫失守,上海城危,上海道台吴煦急忙下谕各地士绅,紧急集资雇请洋枪队并组织民团做好抵御准备。十二月十三日,太平军结集大量军队,沿"钦公塘"直奔奉贤,十六日克南桥营守,十七日扑萧塘,流击青村、庄行,十八日陷南汇,十九日陷川沙,二十日陷高桥。有封号"戴天义"②的罗振声率一股太平军从川沙沿三灶浜向西,经三灶、陈推官桥、横沔,在横沔北的张胜桥③设卡守,二十一日进踞周浦。罗振声部下封号为"钦天豫"的陈迎祥于二十六日进驻张江栅,扎营在栅南蒋浜桥北首。从二十七日起至除夕,浦东地区连日大雪,积雪"深有五尺,苦寒路绝",百姓"冻死饿死无算"。太平军无法征战,经旬不出。由于太平天国反对一切偶像崇拜,推行破除偶像运动,每到一处,见僧人、道士就杀,见庙宇、道观及教堂就烧。越年,即同治元年(1862年)正月,雪化路通后,陈迎祥带了兵丁把"钱家天主堂"烧毁,并把张江栅的庙宇尽数捣毁。

钱楠遵道台吴煦之命,与川南士绅庄行忠、华宗茂及寓居浦东宝山(即高桥)士绅朱苎,在上海设川南局,筹捐备饷,召集"吕宋雇佣军"。并请天主教耶稣会会长梅德尔神父,转请法国驻扎在浦东洋泾的海军上将卜罗德派兵助剿。"吕宋雇佣军"是清一色的天主教徒,在董家渡天主堂由法国军官稍作训练,由法国神父费都罗及钱楠之兄钱柏带领,与张江栅周如玉④、周世桢叔侄、陆臣燮、赵云阶等组建的民团会合,于同治元年(1862年)二月初一在张江栅西周家墙,与太平军陈迎祥部遭遇第一次世界大战,太平军不敌,溃退至横沔北的张胜桥卡守,"吕宋雇佣军"则进驻张江栅蒋浜桥太平军营房。初二,民团与"吕宋雇佣军"攻毁张胜桥太平军卡守,攻克横沔镇。周如玉带领民团追击溃逃之太平军,追至北蔡,突然太平军大股援军至,将其包围,突围中,周如玉负重伤后不治身亡,周世桢、陆臣燮、赵云阶等战死。翌日,费都罗神父在征战途中受重伤,归途中亡于钱家天主堂前。

卜罗德率中法洋枪队,与朱帝之子朱其昂组建的民团,在同治元年(1862年)正月至二月击败了高桥、顾路一带的太平军。于三月十九日攻克周浦镇后,卜罗德率军北上;四月克嘉定、青浦、松江,在攻克南桥太平军营守的战斗中,卜罗德中枪身亡。

同治三年(1864年),在中外武装势力及各地民团的讨伐下,太平天国灭亡。钱楠因抗击浦东太平军,获赏其黄马褂一件。钱楠等士绅,请天主教江南教区代理主教梅德尔,转请法国驻华公使向清廷建议重修钱家天主堂,立碑以纪。获准后,聘请罗礼思神父设计了罗马式的大殿。由于当时浦东还未有西式建材,图纸经钱楠等人的多次修改重修的钱家天主堂改名"圣母圣心堂",于同治三年十二月初八奠基,同治六年(1867年)十月落成,史载"立碑记,堂高八丈五尺,进深十四丈,阔七丈四尺,周围余屋⑤五十余间"。追念卜罗德、费都罗的碑记为钱楠亲自撰写。同治七年十二月初八(实为1869年1月20日),江南教区主教郎怀仁⑥主持举行"圣母圣心堂"开堂祝圣大礼弥撒,上海道台的代表及当地九位地方官员出席庆典。庆典上道台的代表宣读了同治皇帝敕建"圣母圣心堂"的御旨。所以,"圣母圣心堂"是自清朝雍正以来,唯一一座经皇帝颁旨重建的天主教教堂。民国后,为方便教民子女的求学,教会在教堂的"余屋"开办了"母心小学",中华人民共和国成立后收为公办,改名"共和小学"。

如今,随着张江高科技园区的建设,钱家天主堂周边的民居都已动迁,居民们住进了花园般的住宅区,享受着现代化的生活。钱家天主堂作为一段历史的记忆,像一个历经沧桑的老人,还在那里守望着那片天空。

注释:

① 据吴伯鸿先生的回忆说是郎怀仁,但根据史料此时的郎怀仁任直隶东南教区主教,所以营救钱楠的应该是梅德尔,而且梅德尔与上海道台吴煦关系十分密切。梅德尔1862年任江南教区代理主教,1863年5月3日患伤寒病死。

② 太平天国的军帅以上封号为六等:义、安、福、燕、豫、侯,均为天纪,如戴天义、什天安、淋天福、钦天豫等。

③ 张胜桥在横沔北的长元村,本名"胜利桥",有嵌名桥联一副:"东望护塘西歇浦,南起鹿沼北张江;胜屈强梁兴建设,利便民众庆升平。"因地处张家宅旁,俗称"张胜桥"。

④ 周如玉,张江栅人,其子周学濂曾经与钱楠于1908年倡办新学"振新小学",即张江小学的前身。

⑤ "余屋"为建筑名词,非指多余房屋之义,是指一正两厢房的"正屋"两旁及后面的房屋,连年有余之屋也。

⑥ 郎怀仁,法国传教士。1864—1878年任江南教区主教期间,他倡办气象台、出版科学杂志并建造"徐家汇天文台",1871年在佘山顶上建造"圣母进教之佑大堂";在中国首创兴办收养教外孤老的"老人堂"。

附：钱楠撰《卜、费二公碑记》

从来忠勇之节,不以今昔殊也！义愤之气,不以疆域分也！奋不顾身以殉难,固忠臣义士所优为也！而以外邦俊彦殉难中土,此利西泰所云：我迎难难自亡者,即卜、费二公之所以不朽也！

皇帝御极之元年,西海各国,统兵助剿粤逆。法提军卜公奥斯定讳罗德、法司铎费公都罗讳致和,先后捐躯。

皇帝感卜公万里客卿,殉难中土,是用破格褒忠,为中外臣工劝。

先是道光己酉,洪杨诸逆起粤西,咸丰壬子窜两湖,癸丑踞金陵,蔓延皖豫。庚申张帅徐中丞殉难,常苏松太相继失守,贼复由常玉山窜嘉湖,辛酉三月,连陷平湖乍浦逼金山,金山为沪之门户,金失则上城有东顾之忧矣！楠集团在沪奉宪谕,筹捐备饷迎剿。十二月杭贼分队麇至,吾军力战数日,卒以兵弱不能守。时法提军卜公同英美诸国汇防沪垒驻洋泾,法司铎费公皆吕宋勇驻张江栅。楠会同上南川绅士请大司铎梅公转请卜公拨兵助剿,遂于壬戌正月剿清北高桥,二月暨民团克沔镇孙小桥等处,俘贼无算,楠兄柏皆费公鼓励士卒围贼垒,后大股至,团勇突围转战,擒枭酋俘四十八人,毙者千百。明日复至,公遇贼于途,被重伤,亡于楠宅之左、天主堂前。三月卜公平周浦,四月复嘉定,旋克青、奉、南、川等邑。兵次南桥,决意歼贼塞其归路,公首登贼垒,中枪死,贼果尽殪。而刘吴诸降将,于五月率众投顺,浦东于是肃清,卜公之力也！大宪奏闻朝廷,皇帝降旨,特颁貂皮百张、绿绒四端,用彰恤典焉。后楠同上南川绅士,请梅公转请法国哥大臣,移咨军机大臣议政王,允准建堂永彰二公忠义。呜呼！二公厉壮气成义死,夫奋力死敌,固食毛践土之常,而以外邦杰士殉难中土,尤臣工所难焉者！楠禀大宪,筹款集捐,鸠工兴筑既竣,即父老爱戴之忱,作为斯文,嘉外臣死难之忠,亦徵我朝德化之远,不复饰词纪实也！爰勒诸石而为之铭,铭曰：在昔涂山遐哉,神禹大会群侯;策勋盟府宏维,我朝海邦协辅。有卜有费,泽流千古;申江汤汤,击鼓其镗;异域同愤,忠勇相望;曷报功德,用建斯堂;于万斯年,亮节永彰！

"营房桥"与"无头狮子"的故事

●

在张江栅镇南街向南的官路上,有一座横跨蒋家浜的平石桥,虽然在石桥桥面的两侧,各刻有"蒋浜桥"三字,但当地的百姓都称它为"营房桥",而且在清光绪年的《南汇县县志》上也载述是"营房桥"。何故?笔者在年轻时曾带着疑问询问多位乡老,均不知其所以然。在1959年,我有幸与清咸丰年秀才徐同春之孙徐叙生老先生共事,闲聊中问及此事,始开疑窦。

在清咸丰十一年(1861年)三月起,太平天国忠王李秀成的部队接连攻陷平湖、乍浦,直逼金山卫。从八月起由海塘东下,破金山卫,十二月十六日破南桥营守,连陷奉贤、南汇、川沙、高桥。十二月二十六有太平天国罗振声部下、封号"钦天豫"的刘迎祥部队进驻张江栅,在"蒋浜桥"北扎营,指挥部设在桥西南200米处的徐家宅秀才徐同春家,在他家的客堂上,洞穿屋顶立上旗杆,升起太平军的大旗。从二十七日至除夕连日大雪,为烤火取暖,太平军把他家的门窗尽数拆毁,做取暖燃料。太平军一到"张江栅"后,就宣传他们上帝会的信仰,并把所有庙宇捣毁。刘迎祥的部队共有人马数百,粮食是一个大问题,按道理说"兵马未动粮草先行",可是兵马到了多日,粮草未见来到。这是怎么回事?原来浦东是江南水乡,大宗物资的运输都是靠船运,在冬季枯水季节,船底下没有水如何行船?可是在镇上的茶馆店里传出故事来,说得有声有色:"啊呀!不得了呀,这群'长毛'把关帝庙、城隍庙的'老爷'都敲掉了,城隍庙前的那只石狮子显灵了,每到半夜它要到吕家浜喝水,要把吕家浜水喝光,让'长毛'的运粮船无法来,要饿死'长毛'。""钦天豫"陈迎祥听到了这个传说,提起大刀直奔城隍庙,怒气冲冲地朝着那只石狮子猛砍,边砍边喊"让你喝!让你喝!"砍了数十下终于把石狮子的头砍了下来,他也得意地走了。说来也巧,第二天河水涨了,运粮船也到了。其实行船的人都知道"初三潮十八水,廿六七水唧唧"的谚语,太平军于十二月二十六到张江栅,正是一年中河水最少的时季,到了正月初三,潮大了船也能行了。不过倒也留下了"城隍庙无头狮子"的传说。

  太平军在"蒋浜桥"旁设了营房后,张江栅士绅出资雇请的洋枪队也在这里扎营,当地的百姓就把"蒋浜桥"叫作"营房桥"了,一直叫了百余年。到了1965年,蒋家浜作为吕家浜的套河被疏浚加宽,"营房桥"被拆除,在原址西侧改建了一座可通五吨载重汽车的水泥桥。

"张江栅义学"与"孔庙"的逸事

●

张江小学因其前身是一所"义学"("义学"者,即是由公众或私人团体设立的,可让贫穷学生免费上学的有慈善性质的学校),所以在笔者年轻时,老一辈人都习惯把张江小学叫作"义学"。但这"义学"是怎么一个由来呢?笔者在年轻时曾询问多位饱经世故的乡老,始得其故。

清光绪二年(1876年),吕家浜淤积严重,影响交通,阻碍了商品流通。以张江栅总董、"钱万泰米布庄"老板钱楠为首的商界发起并捐资疏浚,委托栅南徐家宅的秀才徐同春及张江栅名士刘听松两人主持该疏浚工程。两人克己奉公、精打细算,工程结束,结余不少钱款。但这余款如何处理?徐同春、刘听松都是"孔门子弟",感慨乡里贫穷孩子无文化教育之苦,遂提议用此余款办一所"义学",这一善举得到钱楠积极支持。清光绪三年

（1877年）春,"张江栅"的"义学",在"孔庙"内开学。教授《三字经》《百家姓》《千字文》《弟子规》等,教书先生为徐同春和刘听松。从此张江栅地区,不但殷实人家的子弟有了受教育的正规场所,而且贫穷孩子都有了免费念书的机会。这就是"张江栅义学"由来。

延至光绪末年,"西学东渐"之风行于沪上。清廷推行新政,废科举、倡新学。"钱万隆官酱园"创始人钱楠及里人周学濂,在光绪三十四年(1908年)将这"义学"改办为西式的有全面素质教育的"新学",取"振兴新学"之意,题名为"振新小学堂",清末秀才吴晋云任校长。到民国初年(1916年左右),钱楠之子钱之荫筹款,在孔庙东侧建造两层楼共有16间的校舍,学生有百余人。1925年收归国立,改名为"南汇县远北市张江小学校",并由教育局拨款,在楼房前建造了14间平房,扩大了校舍,学校由初级小学升格为完全小学,并于1929年开始开设幼稚班。张江小学在当时是浦东腹地规模最大、设施最全、师资力量最强的完全小学。

话及张江栅的孔庙,现在已鲜为人知了。1980年前在张江小学上过学的人都有印象,在学校西侧有一处"一正两厢房"的古建筑,这就是孔庙的所在。

张江栅的孔庙占地面积约一亩许,建筑面积约500平方米,是一座"一正两厢房"的"绞圈房子"式建筑,整个建筑无雕梁画栋,甚是简朴秀气。正厅向后延伸约20平方米的建筑,是供奉孔子的神龛及祭坛。清道光至光绪年间的社学设在这里,秀才唐善培在这里授徒50余载。他在每逢春秋两季召集张江栅及周边地区的文人学子,拜祭孔子,场面很是庄严。五四运动后,在"打倒孔家店"的口号声中,振新小学的师生捣毁了孔子的神龛,摘下了"万世师表"的匾额,孔庙逐渐被人们淡忘。20世纪80年代初,张江小学为扩建校舍将孔庙拆毁,从此这一张江古迹永远消失。

该孔庙建于何时?笔者在青年时期曾听过多位"老学究"谈及,其中有张江名士、"末代秀才"陆秋萍先生,以及咸丰年秀才徐同春之孙徐叙生老先生,都说该庙建于明代,但洪鉴清老先生说是建于清代,笔者也不甚了了。

在古代,孔庙是一个地区文化发达的标志。在浦东的腹地,只有张江栅有孔庙及关帝庙,所以说,在古代乃至近代,张江地区是周边乡镇的文化与经济的中心。

我国人寿保险业的先驱吕岳泉

●

在浦东张江栅的东首,有一个叫吕家湾的地方,这里的村宅叫吕家宅。光绪三年(1877年),我国人寿保险业的先驱吕岳泉先生,诞生在吕家宅一户只有两间草房的贫穷农家。6岁时,父亲送他到张江栅义学读书,希望他读点书能改变人生。9岁时,父亲不幸染病故世,孤儿寡母难以活命,经人介绍母亲改嫁一名船老大,从此小小年纪的吕岳泉与姐姐跟着母亲在继父船上帮衬。

吕岳泉虽然辍学了,但仍刻苦自学,在停船候客时,常练练毛笔字、看看书。在他12岁时发生了一件事,改变了他的人生。一天,他们的航船到了码头,客人们都上了岸,就在他打扫客舱时发现了一个皮包,打开一看,里边都是银票、银圆还有好多单据。他就拿着皮包与母亲商量。母亲说:"客人把这么多的钱遗忘在我们船上,现在一定急得像热锅上的蚂蚁,这是攸关人家身家性命的事啊!这不义之财我伲不能贪,现在我们的船不能开走,等他来认取。"约过一个时辰,只见一个人急匆匆地跑上船来,问道:"有没有见到一个皮包?"母亲问明缘由后就把皮包交给了这位先生。原来这位先生是一个洋行的跑街,这次在外收账回来累得在船上打瞌睡,船到码头就迷迷糊糊地上了岸,把皮包遗忘在船上。皮包的失而复得使这位跑街先生惊喜万分,就从皮包中拿出一摞银圆塞到吕岳泉母亲的手上,定要酬谢她的拾金不昧。她却婉言谢绝:"这钱我们不能要的,如果我是贪钱的人,早就把船开走了。先生是做跑街的,外面一定人头熟,如果先生一定要表示心意的话,就给我小儿介绍个生意做做,让他今后有个出息。"这位跑街先生欣然应允,不几日就介绍吕岳泉到上海,在一个英国人家里当"西崽"(仆人)。吕岳泉去帮佣家的男主人就是当时英国"永年人寿保险公司"的业务经理穆勒,吕岳泉就做了穆勒的小跟班。

吕岳泉在生活上很为节俭,得了工钱总是全部交给母亲,回家过黄浦江乘船时,为节约一文钱,他就和船家商量,他帮着摇船,船家让他免费过江,然后步行18里路到张江栅家里。吕岳泉聪明伶俐、勤奋好学,空余时他不忘练字读书,不断完善自己,很快学会了不少英语会话,并在主人洽谈业务时常留意倾听观察,几年下来,积累了不少各方面的知识。虽然他是一个仆人,但知书达理、温文尔雅。他为自己写下了一幅字"情深意弥重,虑淡物自清"以自勉,这句话成为他一生的座右铭。

1893年,吕岳泉16岁那年,穆勒要招聘一名华人助手,应聘者不少，可是面试下来，没有一个能合穆勒的意。正在摇头叹气的他，突然发现自己身边聪明好学的小跟班不是很好的人选吗？于是他对吕岳泉说："你想试试吗？吕！"吕岳泉被主人突如其来的发问，大为吃惊，转眼一想，这不是自己日思夜想的改变人生的机会吗？于是他激动地大声回答："完全可以，先生！"从此他拿着主人的名片，出入十里洋场的华人居住区，凭着自己平时所学到的知识和不懈的努力，为主人招徕寿险业务。两年以后，1895年，18岁的吕岳泉以其出色的推销业绩，经穆勒的推荐，成功地进入"永年人寿保险公司"，当了一名业务员。后来永年公司把业务扩展到南京，吕岳泉以其非凡的工作能力，被任命为南京分公司经理。吕岳泉走马上任后，首先面对的问题是如何打开业务上的局面，为此他颇动了一番脑筋。他从当时的南京总督衙门着手，结交了两江总督端方，后来端方不仅自己投保了寿险，还下令僚属一律投保。他还通过当地的商会积极介绍国内外寿险业的现状与前景，南京的业务由此迅速打开，取得了丰硕的业绩。从此，吕岳泉从一个孤苦伶仃的小仆人，成为家乡张江栅的富豪之一。

吕岳泉在南京，结交了张謇、虞洽卿、朱葆三等一批商界巨头。当时的南京、上海，是革命党人主要活动地，受他们的感召，吕岳泉也参加了同盟会，为革命效力。1909年，实业家张謇到南京举办南洋劝业会，提倡实业救国，对吕岳泉触动很大。吕岳泉深感"保险权利的外溢是国人的耻辱"，于是萌生了创办华商寿险公司的动机。辛亥年（1911年）秋末，吕岳泉毅然辞去永年保险公司收入丰厚的职务，回到上海，拜访了原江浙联军总司令徐绍桢。在组建华商保险公司的问题上,两人谈得十分投机,最后商定由徐绍桢出面,约请王人文、吕天民、朱葆三等国内政界、商界名流,集资规银20万两,在沈仲礼(敦和)濒于倒闭的"华安人寿保险公司"的基础上,组建一家人寿保险公司,取名"华安合群保寿股份有限公司"(以下简称"华安合群")。吕岳泉在《创办华安合群保寿股份有限公司纪略》中自述:"创办华安之议起于辛亥(1911年)之冬,岳泉深感于寿险事业之重要,攸关国计民生者,如无华商自立之公司,不独利权外溢,且将人民之生命保障委托与外人之手,于国家体面、国民人格上均有关系,遂毅然自创纯粹之华商寿险公司。以此意商诸徐固卿(绍桢)、王采丞(人文)诸公,均蒙赞许,乃即着手进行,自辛亥之冬开始筹备,至民元(1912年)6月1日成立,7月1日在上海外滩30号开业。"开张之日,孙中山、黄兴等都派人前来祝贺。"华安合群"的创立,成为民族寿险业兴起的标志。

保险业自西方传入中国之初,都是外国人办的,做的都是"产险","寿险"的规模较小。中国人自办的产险公司在1873年轮船招商局正式运行不久后开始产生。20世纪初,华资寿险曾一度兴起,但因运作不良而均无事成。吕岳泉认识到,"华安合群"开张后如何进入良性运作,是摆在面前的头等大事。凭着他长年跑业务的经验,不愁开拓市场、招揽业务,但寿险管理中的保险费率、责任准备金、退保金等问题,必须精确计算,才能取得投保人的信任,但在华人中鲜有精通此道之人。吕岳泉向董事会推荐聘用他在"永年保险公司"的老搭档、英国人郁赐当总司理(即总经理),第弗利斯当精算师,自己只任稽查员之要职,使华安进入了良性运作。但他此举受到股东们的责疑:"我们中国人的公司为何要洋人来掌权?我们的民族气节到哪里去了?"股东们私底下议论得沸沸扬扬,吕岳泉却似乎充耳不闻。到了年中股东大会上,他把郁赐及第弗利斯与公司签订的合同向股东们公开,其中明确表明:"……聘用期五年,期满后需续聘另议。总司理须在合同确认的职权范围内展开工作,不得擅权。"合同说明了洋人仅是为公司干活的职员,吕岳泉用事实打消了股东们的疑虑。与此同时,吕岳泉为两个外国高层管理人员精心配置了年轻助手。营业员经乾坤,年轻聪明、勤奋好学;刚入公司的练习生周大纶,是名牌大学的数学尖子。吕岳泉面授机宜,让他俩分别跟郁赐和第弗利斯边工作边学艺。几年下来,经乾坤认真学习、悉心钻研,对寿险业的管理颇有所获,先被提拔为座办,后又升为副司理,逐步取代了郁赐。周大纶也脱颖而出,胜任了精算师之职。这时,大家才感悟到吕岳泉聘用"客卿"的高明之处,股东们对吕岳泉信服得五体投地。

"华安合群"开业后的前五年,因为是借原华安人寿保险公司之壳创办,所以总董为沈仲礼(敦和),后来为徐绍桢。郁赐在开业前两夜与沈仲礼密洽,以兼管原华安人寿保险公司的名义,把自己的月薪从500两增至700两,而以"公司甫今成立,各项费用均宜撙节"为名,把吕岳泉的月薪从300两减为150两。面对郁赐这种阴损的举动,吕岳泉为顾全大局只能忍让以待。初创"华安合群"并不是一帆风顺的。吕岳泉在1923年《上董事会书》中陈述:"迄民国元年6月1日而筹备就绪,始告成立,然而半载之中,岳泉不但辛苦备尝,心力交瘁,经营惨淡,周旋酬应卡乐登、汇中、雅叙园宴会数十次,沈仲礼、郁两先生在座,所费不下一千数百元,悉解私囊,未耗公司丝毫。迨至民国三年,股额达八万以上,徒以汤笙查帐员坚持招10万始允签字之故,发起诸君徒抱殷忧,无能解决,虽经设法招股,而得手殊难。当此之时,事机一钝,颠覆立至。岳泉不能坐视缔造之功败于垂竟,重诸君子之谆托,乃力任艰巨赴宁浼求冯(国璋)前总统入股,甚幸得达目的。在公司名誉固一日千里,安知岳泉斯行所经之辛苦实甚于十年听鼓。"在所聘用的洋员5年任期期满后,又续聘了5年。1918年前,经理部尽由洋员主持生意,毫无起色,续费数亦不见旺。在这种情况下,吕岳泉兼任营业部主任,经过一番辛勤耕耘,至1919年冬末,公司在上海一地的投保户已到达34 000户,吸纳资金100余万元,从此营业成绩年胜一年,使股东们看到了希望,更消除了对吕岳泉领导能力的疑虑。1922年,郁赐两个任期(10年)总司理的合同期满后改任司理,董事会正式聘请吕岳泉任总司理。

吕岳泉任"华安合群"总经理后,公司业务大增,营业场所也已感局促,吕岳泉在居民稠密的江西路、新康路、北四川路三处开设门市部,上海业务更加繁盛。之后,吕岳泉又审时度势,把公司的业务推向国内其他大中城市——华北重镇北平、天津、石家庄;中原地区的郑州、洛阳;江南富庶之地南京、杭州、苏州、宁波;沿海沿江通商口岸的广州、厦门、福州、青岛、汉口。这些地方都有大量绅商和中等人家,"华安合群"当地开设了分公司,在车站、码头大量投放广告。一时投保户迅速增加到十万户以上,吸纳资金高达300万元。此时的"华安合群"名满全国。

为了公司的长远发展,吕岳泉从职员中选拔优秀人员加以培养。每当有新人进公司,他都亲自主持短期培训班,他主讲敬业课,总要回顾早年走家串户推销营业的甘苦,以"失败一百次,成功一次即为成功"勉励新员工。"华安合群"每年要举行几次营业竞赛,一方面鼓励业务的推进,另一方面促进销售人员技巧的提高。吕岳泉还和教育机构联系,于1924年开办了"华安人寿保险专业函授学校",自任校长。学校以每6个月为一届,设置人寿保险原理、寿险种类、招徕学、商业道德等科目,首届学员就有600人,远至云、贵等省甚至南洋诸岛,都有学员前来就学。学校的学员中有1/3左右被"华安合群"及其他保险公司录用,大批寿险业人才,也为"华安合群"的业务大腾飞打下了基础。

当时社会上对于寿险的意义还不明了,"华安合群"成立不久,吕岳泉常组织撰稿人员在《申报》《新闻报》上刊登介绍寿险的短文,还着手编印《华安杂志》,阐述人寿保险对保障身家幸福的意义,分赠投保户及供营业员招徕业务之用。此外,吕岳泉还约请记者召开茶话会,座谈寿险业意义。黎元洪、冯国璋、陈其美、王一亭等各界名流,也应邀在报上题词、撰文,宣传寿险业和"华安合群"。他还邀请各路知名人物入股,甚至把当时的大总统黎元洪、冯国璋也拉来做董事。

吕岳泉宣传寿险业务时紧跟时事。当时,国内保护劳工的呼声日甚一日,其中热门话题,就是劳动保险。吕岳泉加紧宣传劳动保险是社会文明进步标志。从1926年起,公司拟定团体保寿章程,保额由企业决定,保费由企业缴纳,如遇职工身故,即将赔款交由企业转给家属领取。率先投保的有商务印书馆、新闻报社、家庭工业社、光华火油公司等数十家企业。团体投保，不仅拉动了公司业务，还扩大了社会影响。

吕岳泉懂得宣传只有建立在过硬的信誉之上，才会真正有效。"信誉是华安的生命"，这是吕岳泉的口头禅。上海一家商号的跑街先生刚投保，便不幸出车祸身亡，一家老小不知日后如何谋生。"华安合群"马上派人登门慰问，送上理赔款大洋1 000元。当时，上海绑票案奇多，一些富商大贾到保险公司投保，以防备不测。每有这类事件发生，吕岳泉都和被保险人家属一起，想方设法使被保险人安全归来。重人才、善宣传、重商誉，"华安合群"的业务在吕岳泉的带领下蒸蒸日上。

占领国内市场后，"华安合群"又把触角伸向海外。1925年春天，吕岳泉远涉重洋，亲自到爪哇岛上的印尼首都雅加达和苏门答腊岛上的棉兰，宣传招揽寿险业务。这两个地方从中国沿海广东、福建去的侨民人数众多，吕岳泉和侨领们推诚相见，并力邀雅加达中华商会会长郭天如和棉兰中华商会会长徐华新出任当地分公司的经理，经过一番宣传，加上侨民的爱国之情，投保者一时如潮。没几年，南洋侨胞的投保额高达366万荷兰盾（当时每盾折国币8角），公司分支机构遍设华侨聚集的海外各国。

除了大量吸进资金，还需要有效地投资和运转资金，才能让一家保险公司真正立于不败之地。当时，国内房地产业如旭日初升，上海、汉口、广州等大城市一日繁华似一日。"华安合群"将投资重点首先瞄准这几大城市的房地产开发。1922

年,吕岳泉用50万两白银购下上海静安寺路(今南京西路)一块约10余亩的土地。次年,他又在汉口五族街购地10余亩。此后,他还在广州泰康路珠江大桥东塊买下一块6亩余土地。同时,在南京白下路等处,也零零星星吃进了少量地皮。不出吕岳泉所料,房地产行情逐年"升温",公司获得了可观的收益。

上海静安寺路随着市中心西移日益繁华,吕岳泉决定在这里兴建一幢国内第一流的欧美风格的大厦。他投资白银10万两,请美国著名建筑师哈沙德设计,招标委托上海江裕记营造厂承建。1926年5月,在静安寺路104号建成了一幢8层楼的总公司新址,取名华安大厦,大厦以精美的装潢、豪华的设施驰名大上海。华安大厦底层出租,第二层作办公用,第三至第八层经营附属华安饭店。大厦为当时该区域最高的建筑物,起到了广告的作用,更促进了公司业务的发展。

华安大厦建成后,公司业务更加红火。几年中,投保户增加到20万户,吸纳资金达500万—600万元。这样巨大的资金,实行单一投资全部投进房地产自然风险过大。因此,吕岳泉决定又购买了数百万元公债和优异企业股票,投资收益良好。1930年,吕岳泉把华安大厦东侧余下的一块空地以白银61万两卖出,公司又赚了一笔大钱。第二年,"华安"把资本规银20万两折成银圆,增资到50万元。20世纪30年代初,是"华安合群"的鼎盛时期,令洋人也对其刮目相看。

1931年发生了震惊中外的"九一八事变",1932年,日寇又在上海挑起战火,战争引起社会动荡,大量工商业者和中上层人士被迫离开上海,"华安合群"的投保客户直线下跌。另外,吕岳泉把吸纳的资金多数投向了房地产和有价证券,由于战争市价大跌,公司投资收益丧失殆尽。为了挽回公司亏损的局面,吕岳泉转移重心南下,在南方建造了一幢6层的华安大楼,除分公司开展业务用外,还出租一部分给当地商人开饭店。同时,他再度漂洋过海,亲自到雅加达和棉兰两地视察营业情况,策划扩大营业。但由于时局艰难,这些努力只是杯水车薪。

1937年7月,日寇大举侵略中国,华北、华东相继沦陷。公司在当地的分支机构全部停业,几乎陷于灭顶之灾。上海总公司虽栖身在租界"孤岛"之内,但四周日寇大兵压境,营业也完全停顿。1939年,吕岳泉把华安大厦租借给香港商人开设金门饭店,与此同时,广州、汉口、重庆等地的分公司告急电函又频频飞至,相继停业。战火不仅随时夺走无数居民的生命和家庭幸福,还促使币值迅速跌落。原定的投保户保费和公司的满期款和赔款,都因币值变化太快,根本无法计算。吕岳泉无奈只得下令关闭公司,期待抗战胜利,华安能够有机会东山再起。这一期间,日伪方面几次派人来拉他以所谓"优惠条件合作"重新开业,他都斩钉截铁地拒绝了。

吕岳泉日盼夜盼,苦苦支撑,终于等到抗战结束,怎料内战重开,国统区通货膨胀,经济环境更是江河日下。吕岳泉根本难以恢复公司的正常营业,只好把广州、汉口等地房地产陆续出售,维持员工生存。1948年冬,吕岳泉到香港后就患病不起,于1953年11月在香港寓所病逝,永远地离开了他为之奋斗三十余年的华安合群保寿股份有限公司,告别了他经营一辈子的保险行业,享年76岁。按照吕岳泉的遗嘱,遗体归葬故里。

吕岳泉不仅是一个事业上卓有成就的实业家,还是一个对家乡怀有浓厚桑梓之情的慈善家。1925年他捐助资金疏浚吕家浜,还兼任远北市(张江栅)董事会董事长,为家乡的发展操劳。1931年他与杜月笙、黄炎培、穆藕初、沈梦莲等人共同发起组建"浦东同乡会",并任常务理事,为浦东的发展及公益事业慷慨解囊。

吕岳泉在家乡购置的田产,不可能自己去耕种,就租给了佃户。抗战胜利后,由于他忙于"华安合群"的复业,就把收租的事委托张江栅商会的办事员吴先生,这位吴先生家中小孩多,生活也比较困难,就把收来的租米截留一点再给送上,又撒了一个谎说是收不上。但事情总是要穿帮的,吕岳泉得知后感叹吴先生也是出于无奈,没有当面责怪他,只是干脆把佃户的佃租全免了。

1948年秋,张江栅的"汇北中学"的教学大楼已落成,学生们能在新教室上课了,但大礼堂因资金短缺尚未完工,这就急死了校长史赞人。这时他想起了吕岳泉,当初集资筹建时,吕岳泉在南洋,未能参加集资,现在何不向他求助?于是史赞人亲自到上海华安大楼,找到吕岳泉,向他说明情况请他资助。当时吕岳泉的事业虽然已陷于困境,但他二话没说,马上答应捐助大米100石(当时物价不稳定,币值只能以大米的数值来确定),不日送到。过几日,吕岳泉把钱款筹全后,委派他在"华商公司"做练习生的堂侄女婿徐仁香运送,另派一名保镖保护,用他的小轿车送到张江栅。吕岳泉在他古稀之年为家乡的教育事业做了最后一次义举。

（本文系与周伟良先生合作编写）

环东村的人文历史探考

●

　　张江镇环东中心村,在历史上是一个人文荟萃的地方,中华传统文化的三大支柱,儒家文化、道家文化、佛家文化在这里相互融会,造就了这方乡土淳朴、和谐、向善的民风。

　　环东村在一千多年前唐代末年早已成陆,因为这片冲积平原地处长江口冲积岛"上沙"之南,所以称为"下沙",唐代末年建立的盐场就称下沙盐场,这里是下沙盐场最早的主要产盐区二灶、三灶、四灶的所在。随着海岸线的东移,煮盐的灶群也不断东移,原来灶群之地成为盐碱地,人们为了改造盐碱地,开挖了多条纵横不等的河浜,在河流、雨水的作用下,盐碱地慢慢成为良田,从此这片水网之乡,成了人们繁衍生息的乐土。

　　北宋靖康年间(1126—1127),金兵入侵中原,大批中原百姓跟着康王向江南逃亡,有些难民来到下沙盐场的三灶落脚。有钱的人家置田造屋,在此成了耕读人家;贫苦人家沦为盐场的灶丁,终年淋卤煮盐,虽是辛苦,但也能温饱度日;在元末明初,还有一班家族影子戏(皮影)艺人,为避战乱也在富庶的三灶安家,给一方百姓带来了享受皮影戏艺术的乐趣。

在元代至正年间,下沙盐场的推官(典狱官)陈明的老家就在三灶。为方便人们出行,陈明出资,在"吴家嘴角"的横沔港上修建了一座石桥,人们称这座石桥为"陈推官桥",到清代,官府在这里设置水关,于是人们又把这座石桥称为"陈水关桥"。

陈明的夫人奚氏笃信佛教,是一个吃素念佛的善人,为超度拯救那些罪孽之人,在如今三角地的咸(盐)铁塘旁,修建了一王庙,而后又在周浦镇泰安桥南修建了二王庙,当她随丈夫告老回乡后,在三灶浜北岸再修建了三王庙。从此,三王庙的晨钟暮鼓,劝导着乡民和谐向善。

道教正一派在过去的浦东地区信众很多。民国时期三灶镇的宋家宅,有宋氏五兄弟都是道教正一派的法师,其中以宋梅垞、宋梅墀兄弟俩最有名望,有"灵宝大法师"的称号,徒子徒孙众多。正一派道教的"修道养德"有着积极意义,从事的法事在科学落后的农耕时代,有着安慰人心、稳定社会的作用。

环东地区在清代秀才比较多,儒家文化是比较浓重的。现在最让人记得起的是顾佐尧,他是光绪年秀才,是为宋庆龄姐妹兄弟开蒙启智的家庭教师。还有中举无望转而学医悬壶济世者,如中医名家顾济伯,子承父业,其子顾湘宰也是当地名医;儿科圣手庄桂年,七代传承到如今,是不容易的。

据《川沙县志》(民国二十六年版)记载,环东村有多位可敬

的历史人物,现抄录于下:

  吴渭,号友三,长人乡人,上邑诸生。性笃谨,以孝行闻于乡里,教授生徒,讲解不倦,行己虽严而接物以恕。邑素植棉,渭独植桑,创制人力缫丝机,撰有种桑育蚕缫丝心得三篇,以课乡人。子大本。

  吴大本,字应卿,长人乡人,上庠生,渭长子。壮年设教海上、创兴女学垂二十年。归里后,与艾承禧捐资创设养正小学于本乡,禀厅立案,实为我邑学校之权舆。厥后历任长人乡乡董,兼孔教分会会长,平粜局局长,长浜、吕家浜、白莲泾河工总董,文庙奉祀员。官斯土者,咸倚重之。民国成立,以川邑向无文庙,与耆绅陆炳麟等劳心焦思,设法筹建,于丙寅夏奠基经始,可惜不及观成,而厥功固不可没已。大本性纯厚,与人交重然诺,为人排解,以廉明公正。生咸丰元年,卒民国十六年,年七十有七。

  大本长子宝仁,字端伯,清候选道,国学生。在嘉定博文书院,上海电报学校先后毕业。光绪季年创设时习学堂于上海南市竹行街。旋游日本,考察商务,设立大成工商会社于沪北,历有年数,年四十八卒。

  大本次子宝义,字敬仲,毕业于上海私立神州法律专门学校法律特科。有志振兴实业,创大本园农场于本乡,甫及三年,成绩卓著。卒年五十,乡里惜之。

  顾荣蕊,字仰文,长人乡人,南庠生。为人端谨,家贫,以舌耕为业,从游多获售。后任乡里公务,严以律己,故经事三十余年,一无闲言。子元夐号鉴初,诸生。[笔者补遗:光绪二十五年(1899年)为修复被太平军烧毁的三王庙,顾荣蕊捐资庙宇东半堾修复费用。]

庄贵严(桂年),字月舟,长人乡十七保十三图人。业幼科,医名噪一时,弟子十余人。子伯斋,亦著名。

此外,环东村的乡贤还有致富不忘乡梓的有旅美华侨顾雪英,她捐资建造雪英小学、幼儿园、老年活动室、三王庙的重建;还有"建国慈善基金会"的瞿建国,他赞助云南的希望小学,捐资修复三王庙,还全资为村里建造了一座现代化的养老院。

以上,可见环东村名人辈出,文化积淀深厚。

环东村历史上的盐文化

●

俗话说"开门七件事：柴米油盐酱醋茶"。在"民以食为天"的人生里,确实是离不开这七件事,尤其,盐是人们生活不可或缺的。由于盐是人们生活必需的大宗商品,是国家财政收入的重要来源,因此,早在春秋时期的齐国宰相管仲,就提出盐业由政府专营。之后历朝历代政府都基本沿袭盐业由政府专营、私人不得生产与买卖的政策。

浦东地区的盐场在一千多年前就有了,那时的长江口南沿的冲积平原还不称浦东呢！因为地处长江口冲积岛"上沙"（北宋时期始称"崇明岛"）之南,所以称"下沙",唐代末年,这里的盐场就称"下沙盐场",其管理衙门设在三国时期华亭侯陆逊的养鹤场"鹤沙镇",从此"鹤沙镇"改称"下沙镇"到如今。

"灶"是盐场下面的生产管理单位,煎盐人家称"灶户",从业的人称"灶丁"。下沙盐场起初下设四个"灶群",在现在的张江镇的孙桥地区自南至北依次为一灶、二灶、三灶、四灶,每个灶群有煎盐灶户几十户。后来下沙盐场为扩大规模,在一灶之南增加了四个灶群,编号为五灶、六灶、七灶、八灶,现在,在周浦镇南尚有"南八灶"的地名。

在五代时期的后汉乾祐年间(948—950),下沙盐场是华亭县下设五个盐场中规模最大、产量最高、质量最好、税额最高的盐场,在生产上创造出了一整套独特的煮盐方法。当时下沙盐场最初的主要产盐区二灶、三灶、四灶,就在现在的环东中心村境内,可以说这里开启了浦东盐文化的进程。盐业的兴盛让三灶地区逐步走向繁华,成了一个较为繁荣的乡村集镇,三灶镇曾名扬一方。

二、唐镇的故事

- 唐墓桥镇的成因
- 王港镇的由来与变迁
- 秦家宅的变迁
- 唐家山店贤儒宅
- 唐氏两代耀国光
- 平民秦金桃
- 商海贤达陆清泽
- 话说唐镇的毛巾业
- 夜袭王家港
- "麻子状元"的传说
- 龚家祠堂
- 唐镇小学的变迁
- 擎起星星火炬的三代辅导员
- 唐镇幼儿园——小苗成长的乐园
- 老树侧畔万木春
- 那高楼上的红心十字徽标
- 医疗保障惠农家

唐墓桥镇的成因

●

上海市浦东新区唐镇,旧称"唐墓桥镇",当地老百姓口头上称"唐望桥镇"("望"字,吴语读音同"莽")。史志上的记载,最早出现在1935年黄炎培先生编撰的《川沙县志》上,是浦东地区一个年轻的集镇。究其成因,就要从曹竹轩的"曹家沟"与唐之敏的"唐望桥"说起。

在唐墓桥镇南二里许,有一处人丁兴旺的村宅,叫曹家宅。究其曹氏播迁于此地的由来,有其历史记载。据《元和姓纂》所记,周文王第十三子振铎,受周武王封于曹地,建立曹国,其后人遂以曹为姓,这是曹姓的由来。历代曹氏人才辈出,春秋时,鲁国有曹沫,在齐鲁会盟中,用匕首劫持齐桓公,使齐国尽返鲁国被侵之地。汉初名臣曹参,与萧何同佐刘邦定天下,继萧何为相。唐代有学士曹邺,宋初有佐太祖定天下的济阳郡王曹彬。

曹姓世居北方，北宋靖康年（1126—1127）前，曹姓向南方播迁不多。北宋靖康年后，金兵入侵中原，大批中原百姓随康王南渡，这是历史上规模很大的一次集体大移民，曹姓在这次南迁中共有十八支，可谓庞大。有曹大明一支定居在华亭县上海镇范家浜之东，即现在的曹家渡（当时上海尚未设县，设上海县是在元代至元二十九年）。累传至明永乐甲午年（1414年）举人曹孟庄，始迁浦东周浦，其时周浦尚未成镇，曹孟庄在此定居后，该地称曹家弄。曹孟庄幼子曹俸，字巨禄，迁于南汇白漾。曹巨禄之子曹桂，字竹轩，于明正统年间（1436—1449）自白漾北迁至二十保二十五图，在此置田造屋、繁衍生息，即为今日之曹家宅。

曹竹轩在此定居后，为改善耕地，陆续开挖了数条纵横不等的引水、排水沟渠，其中一条纵向沟渠被人们称为"曹家沟"。在明天顺年间（1457—1464）前，长人乡二十保中部地区的河道，大部分为横向河道，如三灶港、四灶港、沈沙港、三林浦、吕家浜等，纵向只有互不相通的沟渠，尚无河道。因此疏水不畅，而农田水、旱之患严重，南北的水运交通也不便。

明天顺初年，都御使崔恭巡抚江南，深感水利为民生之本，于天顺四年（1460年），延伸开挖了曹家沟，延长后的河道自三灶港向北流经陆家行、过漩河潭至东沟入黄浦。董役者为松江府通判洪德、华亭知县石玫、上海知县李纹。该工程在当时说来是一个浩大的工程，集两县之民工，河道又宽又深，开挖距离较长且大部分是实地开河。史载："曹家沟南抵新场二万丈、广十四丈、深二丈，沙竹港诸水通流入浦。"自此，沿河两岸之农田，旱涝有防，诸条横港由它纵向相连，极大地方便了水路交通。当地百姓深受其惠,为感念"崔都台"之垂世功德,人们把曹家沟称作"都台浦",世代纪念,又在十七保十二图的四灶之地,建造了"崔使君庙",香火祭祀。

自从崔恭开凿了又宽又深的"都台浦"后,两岸陆路交通有些不便。明天启二年(1622年),"唐家山店"(现在的前进村唐家宅)的唐望,字之敏,就在川沙城通往张江栅官路的"都台浦"上,建造了石桥一座,取唐望之名,题桥名为"唐望桥"。在以后数百年间的唐望桥,一直是唐家人出资修缮、重建。有史记载,清康熙年至道光年,唐家人三次出资修缮、重建该桥。清雍正年间,唐望的裔孙唐天然重建唐望桥,因在桥西有唐家祖坟,所以将桥名改为"唐墓桥"。道光十二年(1832年),唐天然之孙唐棣,在古稀之年出资重修唐墓桥。民国三年(1914年)唐永淇、唐守乾重修,后来又由唐守乾、唐守垚出资加宽重建,为行人的安全,安装了铁栏杆。"唐望桥"虽然改名为"唐墓桥",但数百年来人们一直称其为"唐望桥"。

唐墓桥建成以后的数百年间,在桥东堍的南首沿河官路上,慢慢形成一个只有四五家以鱼行、茶馆、杂货店为主的小集市,成为川沙城至上海城陆路交通要道上行人歇息之地及鱼市。这里的河鲜鱼市,与东部小湾镇的海鲜鱼市,遥相对应互补。

至清光绪二十四年(1897年)有法国传教士、耶稣会会士鄂劳德神父在唐墓桥东,建造了规模恢宏的天主堂。民国《川沙县志》记载:"房屋二百余间,基地四十余亩。是堂仿法国露德山之大堂,为江南教堂之冠,统摄浦东南川各教堂,附设男女学塾。"该堂主保为"露德山圣母玛利亚",所以命名为"露德圣母堂"。每年 5 月 1 日,这里都要举行"迎圣母"的盛会,浦东一带乃至市区的天主教信徒们均来做弥撒祝圣,教外的人也来看热闹,人山人海、热闹非常。自从露德圣母堂开堂后,寂静的唐墓桥热闹了起来。商贾们瞄准了这块热土,纷纷在此建市舍开商店。至民国初年,形成了有四五十家商铺的小镇,在民国《川沙县志》上开始有了"唐墓桥镇"的记载,但老百姓仍称"唐望桥镇"。

综观唐墓桥镇的成因,先有曹竹轩之"曹家沟",后明天顺年间都御史崔恭延伸开挖曹家沟成都台浦,才有唐之敏的"唐望桥",尔后改称"唐墓桥"。继而有鄂劳德神父在此建造了露德圣母堂,带来了唐墓桥地区的繁华,最后形成了唐墓桥镇。

唐墓桥镇的母亲河都台浦潮起潮落,五百余年来,灌溉排涝,泽惠着两岸万亩良田,养育着两岸子民。在水路交通为主的年代,宽阔的都台浦还是浦东腹地四通八达的南北交通主要水道,负载着工业品、农产品的城乡交流及人们出行的重任。五百余年来,航船、货船、农船、渔船,在潮起潮落的都台浦上穿梭而过,为两岸百姓带来希望与福祉,也孕育了唐墓桥镇。

王港镇的由来与变迁

●

　　王港镇,全称王家港镇,民国《川沙县志》曾称作王溪镇。位于曹家沟之东,顾家浜之南,营基港的西岸,东通运盐河,西通都台浦的王家港北岸,距东南方的川沙城4.2公里,是古代川沙地区唯一以河道名称命名的集镇。要说王家港镇的由来与变迁,就要从古说起。

　　浦东一带是长江口的冲积平原,在唐朝,其海岸线尚在现在的沪南公路一线。龙王庙至航头的一段沪南公路,原是唐开元元年(713年)修筑的一条捍海塘。随着泥沙的逐年沉积,海岸线也不断向外延伸,到北宋皇祐年间(1049—1053)的捍海塘,已在黄家湾、顾路、小湾、十一墩至南汇这一线。

　　浦东及至南汇地区,河道命名有一个有趣的现象:自小四灶港以南,东西向的河道大都以灶群的编号来命名,如四灶港、三灶港、二灶港……而小四灶港以北的河道,大都以河道旁村宅姓氏来命名,如张家浜、吕家浜、顾家浜、王家港、曹家沟,等等。究其原因,四灶港以南在古代是下沙盐场,河道起着咸潮引流及运盐的作用,河道就以灶群编号来命名。小四灶港以北的地区接近长江口,因无咸潮而无盐可煎,这一带遂为农耕地区。古代先民们为改造这片盐碱地,开挖了许多纵横的沟浜引水压碱,造就良田。这些沟浜经过逐年改造,也就成了水运交通的河道,河道的名称多用旁边的村宅来命名。王家港也因此得名。

1982年12月,王家港北岸东唐家宅曾发现南宋古井一口,从井底挖出宋代影青瓷碗、双耳陶罐及南宋韩瓶,由此证实在南宋时期,王家港一带已有村落民居。至明末清初,这一带已有多处村落,是人口较为密集的地方。在东唐家宅北首,有一条顾家浜的支流叫小顾家浜,流向东南方唐家宅东边的唐家沟,在此形成了一个三角地,在清雍正七年(1729年),有"外委把总"(清代绿营武官)在三角地南岸唐家沟旁设营屯兵,唐家沟此后被称作"营基港"。自从这里有了营守后,开始形成商品与信息交换的场所,于是航船码头、茶馆酒肆、鱼行肉庄、南北杂货等商店陆续出现。至清乾隆中期,从航船码头起由唐家宅向南,形成了有三四十家商铺的街道,因为这条街始于三角地,所以被称作"三角街"。王家港北河沿是一条官路,东通小湾、西通张江栅。通往小湾官路的营基港上,有石桥一座叫聚隆桥,聚隆桥西块南跨王家港的石桥叫继志桥,三角街向南跨王家港的石桥叫崇德桥(俗称"三角街桥"),崇德桥西首有跨王家港的石桥叫百顺桥(俗称"西石板桥"),唐家宅东首跨营基港的石桥叫仁余桥(因船过此桥总要磕三磕,被百姓戏称为"三磕桥")。有这些石桥连接四乡八里,三角街成为一个交通方便、日趋繁华的集镇,由于它依王家港而建,人们称它为"王家港镇",简称"王港镇",这就是王港镇的由来。

三角街成为集镇后,人们总希望有一位神来保护它昌盛平安,于是在清乾隆三十二年(1767年),众人捐资于聚隆桥西堍建造了一座城隍庙。此后,城隍庙前的两座石桥一直被叫作"城隍庙桥"。此后的近百年间,王港镇的商铺作坊发展到沿河官路口。到了清咸丰十一年(1861年)12月,太平军东征浦东,同治元年(1862年)1月,占领了王港镇,城隍庙被毁。后在中外势力的攻击下,太平军败退,在王家港镇放了一把火,烧毁了北半个镇。城隍老爷自身都不保,更保不住王港镇了,王港镇在很长一段时间里繁华不再。

从清光绪年始,随着经济逐步复苏,王家港北沿河官路北侧、自城隍庙向西,陆续出现了许多市舍。到20世纪30年代,形成了近一公里的朝南向单面街市,街面上建有廊棚,是浦东地区独特的街道景观。有茶馆、饭店、碾米厂、酿酒厂、竹木行、棉花行、绸布店、糖果杂货店、鱼行、肉庄、日用百货店等商家数十家,并通了电力,到了晚上灯火辉煌,有夜市方便乡邻,王家港镇又进入了一个繁荣时期。抗战期间,王港镇虽没有遭到严重破坏,但由于战乱造成经济萧条,失去了往日的繁华。抗战胜利后,由于时局不稳、市场混乱、物价飞涨,难有繁华之境。

中华人民共和国成立后,政府对私营工商业进行改造,建立了供销合作社、食品购销站、水产门市部等商业体系,使王港镇的商业按社会主义的轨道发展。1968年,在中市街北建成东西向的商业街,取名"北中市街",街道宽6米,交通方便,店面宽敞,许多商店逐步迁至新街,有效地促进了王港镇商业的进一步发展。1982年,王港人民公社规划在营基港东和川沙路之间建设"新王港镇",商业网点向新镇发展。如今,历史悠久的王港镇老街,已成为历史的记忆。

(本文系与张佳宝先生合作编写)

秦家宅的变迁

●

在唐镇前进村的"李家窑",有一个不被世人所熟知的"秦家宅",这里居住着北宋诗词大家秦少游的后裔。秦氏世居维扬之地的高邮,其后裔何以会来到这里?

根据史志记载,在南宋咸淳初年(1265年左右),世居高邮的北宋秦少游六世孙,秦知柔、秦知立、秦知章兄弟三人为避战乱,携家族的谱牒及祖宗的图像渡江南迁。秦知立定居浦西赵屯(现在属上海市青浦区)。秦知柔定居浦东闸港(即现在"鲁家汇"的里秦、外秦之地),传子秦良显、秦良颢,孙秦裕伯,俱显贵(上海城隍庙所供的城隍老爷就是秦裕伯。解放后曾任卫生部中医顾问的秦伯未,是秦裕伯的第19代裔孙,著名电影演员秦怡是秦伯未的侄女)。秦知章定居浦东海滨九团坝(现在龚路镇有秦家港,古称九团坝),子孙蕃衍,为海滨望族。

在古代,九团以南都是盐场,七、八、九团属下沙盐场三场管辖,三场场署设在八团镇,即现在的川沙镇(现在还有"场署街"的街名)。至明代中期,由于长江出海的水流改流向南,三场地区咸潮逐渐减少,盐灶也随之逐渐废弃。至明代末年,三场所属团灶无盐可产。明嘉靖年间,秦知章裔孙,秀才秦敕、字晓江,会同族人垦田于三灶、四灶,将废弃盐场之草荡改造为良田。置别业于"小张家浜"之北,即现在的"秦家宅"。现在这里的秦氏人家尚有人知晓自己祖上来自"九团坝"。

嘉靖三十八年(1559年)春,秦晓江家有一株"质干并瘁,久弃篱落间"的桃树,忽然"春桃再荣",不久儿子秦嘉楫得中进士的喜报传至。太仆沈恺曾作《瑞桃记》以记此异象。

秦嘉楫,字少说,号凤楼,嘉靖三十八年(1559年)进士,授"行人使"(巡按),后官拜"侍御"(监察御使)出任浙江佥事,后转任光州判官,最后官至南京工部主事。他在任上空闲时及家居时校辑群书,都是亲手抄录,书法学赵孟𫖯,八分小字尤工,著有《凤楼集》。父因子贵,朝廷封赠其父秦晓江"监察御使"之衔。秦嘉楫故世后其墓在秦家宅之南三灶浜之北,当时属十七保十二图。

秦嘉楫从子秦国士,字友善,是秦嘉楫之兄秦庄之子。秦嘉楫无子,欲收他为嗣子,秦国士礼而不应,安贫如故。秦嘉楫故世后,族人争相立议,分田宅于他,他笑而却之。族人又把些银两交老家人带回,他拒而不纳。他与其从父秦嘉楫一样,始终恪守儒家的"君子之道",安贫自强,于万历丙子年(1576年)得中举人,官至浏阳县知县。父因子贵,朝廷封赠其父秦庄"浏阳县知县"之衔。史载秦国士之墓在小张家浜之北、秦家宅旁。

自秦国士以后的数百年间,秦氏族人多有播迁于别处,如南边的十七保十三图(现在的十村之原),北边的二十保十一图(现在的风水墩),只留下贫穷之户仍留守在这先祖创业之地,为了温饱而辛勤地耕织。从此,秦少游在这里的子孙们,缺少了书香,再也没有仕出之才。至明天启年间(1621—1627),有李姓人家在这里开了家窑场,并在这里定居,子孙兴旺,以后这里被称作"李家窑"。至清末民初时期,这里已有三十余户人家,秦姓人家只剩下三户,仍旧居住在明代祖先留下的老屋内。从此这里的"秦家宅"湮没在"李家窑"中。

这里的人们有着忠厚善良、勤劳朴实的品格,秦李两姓和谐相处,甚至攀上干亲,共同生活在这一片祥和的土地上。他们日出而作,日落不闲,还要在油灯下编织草鞋,换几个小钱,以改善生活。他们用聪明才智,创造了用芦花编织成的"芦花蒲鞋",这种"蒲鞋"保暖功能非常好,穷人买得起,富人穿上也不丢脸,所以到了冬天很受人们欢迎,成为一方特产。史志上记载:"芦花鞋,出张江栅(该地在古代属张江栅),他处无之,冬间盛行江浙。"从此,这里的村宅又有了一个"草鞋李家宅"的大名。

一个村宅的变化,是社会变迁的缩影。这一方土地,从"盐场草荡"变为"秦家宅",再到"草鞋李家宅"。随着时代的进步,"芦花蒲鞋"的编织工艺已经失传,如今的村宅已与工业小区为伍,不久将成为一个现代化住宅区。

唐家山店贤儒宅

●

　　唐镇前进村的西半部,在明代已有唐、秦、卢、龚、李五大姓居民在此居住。唐姓人家在这里开了一家"小山店",经营杂货,方便了一方百姓,从此唐姓人家所居住的村落也就称作"唐家山店"。在古代浦东地区,远离集镇、村落较为密集的地方,都有经营"小山店"的人家,当时最负盛名的要数"牛角尖"西北的"陈家山店"及这里的"唐家山店",并作为地名闻名浦东数百年,直到20世纪50年代末,才被生产大队、生产队的名称所代替。"唐家山店"的名称,如今已鲜有人知。

　　"唐家山店"的唐氏家族自明代以来的数百年间,一直是地方上广有田产、耕读又行商的豪富人家,又是行善积德、人才辈出的书香门第。唐氏族人遵循"常思善念,映守书香"的祖训,在这数百年间,建造、重修了七座石桥,连续出过七代秀才,如今的唐氏后人说起这段家史,无不引以为豪。

有史记载,明代有唐望字之敏者,于天启二年(1622年)建造了"唐望桥",既有利于自家管理都台浦两岸的田产,又方便了川沙城至上海城官道上的交通。自此后的数百年间,"唐望桥"一直是唐家人出资修缮、重建。唐望的重孙、清康熙末年秀才唐天然,在雍正年间重建了"唐望桥",因为在桥西首有他唐家三亩祖坟,所以将"唐望桥"改名为"唐墓桥"。他还与沈从教共同出资重修张江栅的天保桥。在他的创议下,开辟了张江栅西南街(即今糖坊街),西南街一半的市舍是他唐家的产业。后来,张江栅镇的开创者"华海堂"张氏,因家道衰落,典当弄至天保桥之间的市舍,易入唐天然之子(清乾隆年间秀才,名字不详)的名下,所以在清嘉庆、道光年间,张江栅一镇市舍,唐氏占其小半。

唐天然之孙唐棣(约1765—1840),号晴园,是乾隆末年秀才。大概因与元代画家唐棣(浙江吴兴人)同名同姓之故,他也喜欢画画。史载唐棣"师从画家周桂,周桂,字庭树,号香岩,南汇四团人,工写真。尝为某宦画'家庆图',妇女十余人,序长幼窗外一过,落笔即肖"。唐棣得其真传,工写真,擅画山水、花鸟人物,到晚年他的画技更为精良。曾与纪晓岚同为《四库全书》总纂官陆锡熊(上海浦东陆家行人),曾赠诗夸赞其画之精妙。唐棣现存画作有《春山归樵图》,款识为"戊子初夏写于味根轩晴园 唐棣"。在古稀之年时,唐棣承袭祖上的行善遗风,出资重建"唐墓桥",还在家宅西首,建造石桥一座,取名"仁寿桥"。

唐棣次子唐善培,号晓春,清道光年间秀才,张江栅社学塾师。史载他"敦行积学,授徒五十余年,门多知名士。每年遇至圣先师诞忌,即集同人致祭,祭毕讲乡约,剀切发明,镇人乐之,遂沿为故事。卒年七十六,弟子私谥'端惠先生'"。

唐善培之子唐念德,清咸丰年间秀才。同治八年(1869年),他建造了张江栅至四眼庙官路上的洪庆桥;还与族人唐仁所捐资捐田,助主持开云师太募修毁于太平军之手的"圆修庵"(即四眼庙)。

唐念德生有三子(后人称其"老三房"),次子唐楚生、三子唐寅香,清光绪年秀才,思想新潮,无门户之见,对外来宗教无排拒心理,但不信奉。1895年,天主教鄂劳德神甫为建造教堂,要买唐氏家族在唐墓桥东首的土地,他们与族中弟兄集议,决定将土地无偿捐给教会。此后,教会为感念唐家的功德,在每年五月的圣母日,教会的神甫带着众教徒在唐家祖坟前做追思弥撒,直到1955年后才停止。唐楚生的长兄(名已不详)染上了吸鸦片的毒瘾,把自己的家当败光,后决心戒毒,但在戒毒过程中不幸故世。唐楚生与唐寅香(字映川)同助二侄唐文圃、唐云圃成才。

唐楚生之子唐励岩(字守垚),清光绪末年秀才。1914年与堂兄唐文圃、堂弟唐炳乾(字守乾,唐寅香之子)、族人唐永淇等,出资重修唐墓桥,为行人安全,又加了宽桥面,安装了单面栏杆。他的长子唐增辉(字书第)、次子唐祖辉(字书绅),都是上海圣约翰大学毕业生。1925年"五卅"惨案发生后,他们同圣约翰大学的师生一起,积极参加反帝爱国运动,遭到校长卜舫济的非难与阻挠,并扬言开除正要毕业的参加游行学生,不发毕业证书。出于对校长卜舫济无理干涉师生们参加爱国行动的义愤,以孟宪承教授为首的19名华裔教师及553名学生(占当时学生总数的 3/4),集体宣誓脱离圣约翰大学。10 余名应届毕业生声明不接受圣约翰大学颁发的毕业文凭,唐书绅是其中之一。爱国师生于 6 月 3 日集议另行组建"光华大学",三个月后正式开学,并为圣约翰大学的 10 余名应届毕业生颁发光华大学的毕业证。就这样,唐书绅成为光华大学的第一届毕业生。唐书第是学校董事会董事,任图书馆主任(馆长)。抗战时期,1940 年上海沦陷,唐书第的一些政界同学及好友,在撤退至重庆时,来不及把妻儿带走,妇孺遗留在沪,受饥寒之煎熬。唐书第得知后马上用自己的积蓄去接济,又动员在沪商界的亲朋,共同捐资组建"救济会",每月亲自把生活费及时送到这些无依无靠的家属的手中,坚持了五年之久。抗战胜利后,这些好友回沪,只以为自己的妻儿都已饿死,回家一看都活得好好的,一问之下,原来是唐书第的功德,感动得涕流满面。台湾光复时,这些政界同学好友推荐他去任"接收大员",唐书第遂全家迁居台湾,无奈他不是从政的料,未几退出政界,在友人的帮助下,在高雄开了家铝制品厂,聊以为生。唐励岩的次子唐书绅,光华大学毕业后留校任会计系助教、讲师,兼会计室副主任。抗战胜利后,任"善后救济总署"稽核主任、三北轮埠公司会计室主任,兼光华大学副教授。

唐文圃成年后,在上海十六铺开了一家南货店,继承祖上经商的传统。唐云圃于 1914 年在上海虹镇老街开设国光印书局。1925 年唐云圃病故,因他只生一女,故将家业与妻女托付于兄长唐文圃照应。国光印书局在唐文圃与其子唐书麟(号彦宾)两代人辛勤经营下,成为当时私营独资印刷行业之首。

唐文圃为人谦和,友爱乡里,富有同情心。不少家境困难的乡邻,在他的帮助下脱离了困境。过去由于农村医疗条件差,每到夏天,他总要备些痧药水、治疗疟疾的特效药奎宁、水火烫伤药等,分发给乡邻,乡亲们得到这些药,感激他"常思善念"。

唐文圃事业有成后,着手与几位堂兄弟,把三埭进深的"老三房"宅院,重新整修一番,重题客堂的堂名为"依仁堂"。并把以前因父亲吸鸦片欠债被债主逼债时打破的铁锅悬挂于堂上,对后辈以作警示。又与唐镜池、唐励岩、唐炳乾等族中弟兄集议,重修了唐家祠堂,题堂名为"彝训堂"。他为方便家乡的孩子求学,在唐家祠堂内创办了彝训小学,在报纸上登载招聘教书先生的广告,以优厚的待遇聘南汇县师范学校毕业的陈仲仪先生任校长。从此,附近的孩子上学不再需要长途奔波,贫穷学生还能免费入学。他还与唐励岩及亲翁陆问梅共同出资修建了唐家桥、赵家桥、四眼桥及凉亭。四眼桥是横跨在小张家浜上的单孔石拱桥,九级石板桥面,为方便独轮车推行,在石级上做了一道车辙。石桥两侧各有桥联,现仅知东侧桥联是"东接都台西进泖,后绳歇浦面临川"。他在石桥北堍还建造了宽敞古雅的凉亭(因在亭子的西南角有一口井,该凉亭称作"井亭"),供行人歇息。行人到此,驻足恬歇,便觉心旷神怡。可惜,唐文圃为百姓营造的此处景物,在"文革"中被拆毁,给人们留下难以追怀的叹息。

唐氏一族,儒学家望;七代秀才,名扬一方。七座石桥,卧波盖浪;行善乡里,史传流芳。

(本文由唐香明、唐香国、朱胤章、唐志齐提供资料)

附：唐棣"春山归樵图"

款识：戊子初夏写于味根轩　晴园唐棣

唐氏两代耀国光

●

印刷术发明于中国,而较之中国传统印刷术更为先进的工艺技术、以机械操纵为基本特征的现代印刷术,在19世纪初由西方传入我国。它的传入,直接导致了中国印刷术及其印刷事业的迅速发展和重大变革。19世纪末20世纪初,在"维新强国""实业救国"思想的感召下,上海已有大小印刷厂数百家,国光印书局是其中的一家。

国光印书局的创办人唐品梅(字云圃),1889年出生于浦东张江栅唐家山店(现属唐镇前进村)的书香门第。由于家境的衰落,十六七岁时,就业于1902年创办的上海文明书局,做了一名"跑街"。25岁时,他在长兄唐品章(字文圃)的资助下,在精通印刷技术的友人徐叙生、乔雨亭等人的协助下,在上海虹镇老街独资创办了一家印书局,取为国增光之意,题名"国光印书局"。国光印书局有石印机、活字印刷机数台,当时正值创办"新学"的兴盛时期,所以印刷的书籍有很多一部分为教科书,以及古典文学著作,如《聊斋志异新译》《东周列国志》等,还有沪上当代文人的著作,如王大觉(德钟)辑撰的《青箱集》等,由于用纸讲究、印制精良,很受出版商与读者们的看重。

活字印刷需要大量的各型号字模,由于当时印刷厂较多,所以在市面上造成字模的紧缺,有些特殊字模也根本无法解决,有损成书的质量。于是唐云圃鼓励懂得字模生产的乔雨亭开办铸字所,在他的资助下,乔雨亭的华丰印刷铸字所于1915年在许昌路开业。此举不但保证了国光印书局各类字模的需求,还成就了好友的一番事业。华丰印刷铸字所在乔雨亭精心经营下,尔后成为闻名沪上的一大铸字所。

国光印书局初办时,成书的装订都要送到外厂,很是不便,所以唐云圃很想自己办一个装订厂,但苦于精力有限,遂提议族弟唐镜池开办,肥水也不流外人田。唐镜池欣然从命,出资开办了一个装订厂,附设在国光印书局内。这样唐云圃与乔雨亭、唐镜池三人形成了一个各自管理的松散型联合体,保证了国光印书局生产上的正常运作。

国光印书局规模虽不大,但在唐云圃的辛勤经营下,到了20世纪20年代初,已成为上海图书印刷业中耀眼的新星。1925年初,唐云圃却因劳累过度一病不起,未几与世长辞,时年37岁,真是英年早逝令人叹惜。唐云圃无子只生一女,按当时习俗,由侄儿继嗣,此时侄儿鉴虞尚未成年,所以唐云圃临终时把家业、妻女托付兄长唐文圃照应。

唐文圃生于1884年,是一个为人诚笃的儒商,在文化界朋友众多,如胡朴安、归舜丞、黄炎培、邹韬奋、秦伯未、王大觉等,与商务印书馆的张元济也相交甚密,业务上多有往来,他还是浦东同乡会会员。他接办国光印书局后,在书刊印刷的业务上,这些朋友都给以很大的支持。如中医书局出版的秦伯未著作、黄炎培创办的"中华职业教育社"的机关刊物《生活周刊》,都是国光印书局承印。邹韬奋于1926年10月接任《生活周刊》主编后,通过改革,周刊销量激增,无疑也增加了国光的承印业务。1932年7月,邹韬奋在《生活周刊》的基础上创办生活书店,唐文圃也投资入股,所以生活书店出版的书刊均由国光印书局承印。

正当国光印书局的业务蒸蒸日上之际,不料工厂发生了一场火灾,虽然抢救出了一部分原料设备,但已是元气大伤。唐文圃觉得自己没有把弟弟所创办的家业照顾好,很是对不起自己的弟弟。于是他变卖了自己在小东门十六铺的南北货商号,在大沽路租地造屋,重建国光印书局,自己也一门心思扑在经营管理上。这时,他有一个广东籍的朋友邓先生,因为邓先生只生一女叫邓凤雯,为女儿的生计考虑,愿为女儿对国光印书局投资,唐文圃也欣然接受。唐文圃用变卖南北货商号所得加上这笔资金,增添了设备,扩大了生产规模,国光印书局从一个小型企业逐步发展成一个中型企业,有职工80余人。印刷业务除原来的文学书刊外,还承印佛学丛书及基督教青年会的刊物,如《印度佛教史》慧圆居士主编的"武汉佛学院丛书"等以及信封信笺、商品包装纸盒、广告宣传品,等等。

1935年的秋天,当国光印书局的业绩如日中天的时候,唐文圃却染病倒下了,而且没有与他将要出世的孙儿见上面,就与世长辞,享年52岁。国光印书局就由其独子唐鉴虞继承。

唐鉴虞,字书麟,1916年生,因学名彦宾,所以社会上用名一直沿用彦宾。父亲故世时他刚好20岁,即将从中华职业学校毕业。好在唐文圃生前对国光印书局上层管理的人事早有很好的安排,所以他的故世,在经营管理上没有造成多大的影响。唐文圃生前的朋友们,对国光印书局的业务都很支持,如创办于1935年的新知书店、创办于1936年的读书出版社出版的书刊,都交由国光印书局承印("读书"、"新知"、"生活"在1948年合并为三联书店)。由于父亲朋友们的照顾,加上唐彦宾聪明好学,所以接任国光印书局对他来说没有多大的困难。在唐彦宾手中,国光印书局继续保持着兴旺的势头,闻名大上海。

唐彦宾为人正直大方,仪表轩昂,经商精明,交友甚广,文笔也好,书法出众。不但承袭了祖上儒商的家风,而且思想新潮,经常西装革履出入社交场所。他管理国光印书局之余,也经营进口药品、火油(煤油)等商品,据说他还是"华光火油公司"的股东。他的资本积累从此也丰裕起来,他是当时沪上为数不多的拥有私家汽车的人。到了抗战期间,上海沦陷,沪上印刷业一片萧条,国光印书局只能印些课本、影院剧场的说明书、广告、包装纸盒等苦苦维持,有时还用经商所得去贴补。

唐彦宾是有正义感的人,同情共产党,他姐夫的堂叔张钰荣(即张纪元)、张铸荣,都是中共地下工作者,因为他们的父辈都在十六铺经商,年纪又相仿,所以自小熟悉友好。抗战期间,苏北新四军缺少药品和粮食,张钰荣派人找到唐彦宾,请他组织一批粮食与药品,设法运往苏北。于是他通过经营粮食、药品的亲友很快采办齐全,但是要把这些物资安全地运出上海,需要有上海日本宪兵司令部的通行证。这时唐彦宾之前广交朋友的作用发挥出来了,在那些三教九流的朋友引见下,他与日本宪兵司令部负责发放通行证的人搭上关系,通过贿赂拿到了通行证。从此,一批批药品、粮食,顺利地运到苏北新四军手中,从未有过闪失。不过由于他经常出入日本宪兵司令部,被有正义感的人误会,甚至一度被怀疑是汉奸。

抗战胜利后,国光印书局迎来了新的发展。具有前瞻意识的唐彦宾,在工厂原来的铅印基础上增设了照相制版的胶印,并添置彩印设备,在鲁班路丽园路开设彩印分厂,取名"亚光印刷厂"。工厂还拥有国内为数不多的德国产的"密厘机"(即全自动大开张印刷机)。此时的国光印书局,设备先进齐全,有职工近200人,成为除商务印书馆、中华书局以外,上海最大的私人独资印刷企业。由于国光印书局承印了《西行漫记》及大量的进步书刊,遭到了国民党当局的追查,唐彦宾只得出逃躲避风头,最后在政界友人的斡旋下逃过一劫。从此他更为痛恨国民党,有一天,他得知在自己书局工作的姨侄参加了国民党的青年军,很是恼火,以长辈的身份教训他:"不做个好人,去参加流氓组织,你昏了头!"又打了他两个巴掌,弄得他们两家断绝了往来。上海解放前夕,这个姨侄逃往台湾,官至少将,改革开放后,曾回来探亲也不与这个姨父见面。

中华人民共和国成立后，唐彦宾父亲的好友、中医大家秦伯未先生看到北京的印刷业落后，就动员唐彦宾去北京开设分厂。通过秦伯未的介绍，1950年唐彦宾把机印车间一部分迁往北京，在王府井大街55号开设"星光印刷厂"。他在初到北京期间，与秦伯未先生在"东来顺"一同会见了解放军高级将领宋时轮将军，在那次宴会上，宋将军对他俩在日伪时期冒着生命危险为新四军筹集、运送药品、粮食表示钦佩和感谢，并勉励他们为新中国的建设多作贡献。星光印刷厂开业后，为当时北京印刷业的发展作出了很大贡献，在同行业中连续被评为市先进单位。1952年，他又将排版车间迁往北京，连同星光印刷厂低价出让给国家，改名为"科学技术印刷厂"（后改名为第一机械工业部印刷厂），80余名职工留用，唐彦宾任副厂长兼技术科科长。由于他还要经营上海的工厂，经常要往来京沪两地很是不便，所以到1954年，培养好了接班人后，唐彦宾离开北京回沪。

1956年，国光印书局公私合营，1958年国家为对印刷业的全国布局进行调整，唐彦宾带头申请内迁并赴郑州建厂。1959年国光印书局内迁至河南郑州，改名为"新华印刷一厂"，从此国光印书局完成了它的历史使命。唐彦宾被任命为新华印刷一厂副厂长兼生产科科长，他还是第一届全国政协委员及郑州市政协委员。"文革"中他被诬陷为"汉奸"，关入牛棚，未几，由中央某首长证实他是因替新四军办事才频繁出入日本宪兵司令部，在1972年恢复了名誉和职位。他退休后留居郑州，2003年春节突然病故，享年88岁。

历时 45 年的国光印书局,开阔了无数人的文化视野,开启了人们智慧的灵魂,激励着人们奋发的意志。国光印书局,是永远的历史记忆。

(本文由唐志齐、蔡裕涛、朱胤章、陈福泉提供资料)

平民秦金桃

●

　　唐镇前进村,有一个李家窑的村宅,这里居住着北宋诗词大家秦少游的后裔。1898年,桂花还带着残香的九月初四这一天,裁缝秦晋卿家中,诞生了一个男孩,因算命先生说他的五行中缺金缺木,父亲给他起名金桃。秦金桃长到七八岁时,父亲希望他有个前程,就送他上私塾念书,可是只读了三个月,父亲实在无力供他念书,就让他跟着自己学裁缝,这样可有一技之长以应付生活。还是一个孩童的他,已是十分懂事,能够体谅父亲的难处,开始苦学裁缝,为父亲分担辛苦,正是"穷人家的孩子早当家"。

　　秦金桃长到13岁时,有一天,村里的"保正"李和尚,因田产纠纷把他父亲告上南汇县衙。开庭那天,小小年纪的他竟然步行70余里路,到南汇县衙代父应诉。公堂上,县官老爷见被告来了个小孩,觉得好奇怪,就问他:"为啥你父亲不来?"他就回答道:"家父病了不能前来,我作为家中的长子,有责任代父应诉。"接着他在公堂上叙述事情原委,据理力争,有礼有节地把对方说得心服口服,最后县官老爷判决被告胜诉。县官老爷感叹道:"小小年纪有如此能耐,将来必成大器!"从此,连原告李和尚也对他刮目相看,甚为器重,他常告诫自己的儿子,做人要像金桃一样。若干年后,李和尚让自己的孙子认秦金桃做"干爹",结成了干亲,从此两家一直亲密无间,正是"不打不相识"。

秦金桃成年后,按传统习惯,为传宗接代而早早成婚,自立门户,生儿育女。靠着家中的一亩三分地和自己的裁缝手艺,尚能辛苦维持生计。由于劳累过度,他染上了当时做裁缝人的通病——肺痨。可他生性乐观豁达,自己弄些偏方服用,又在亲友的资助下,病情竟然有所好转。他的裁缝手艺出众,人品也好,东面村宅唐家山店的秀才唐励岩,经常请他到家里做衣服,交情甚好。唐励岩知道了秦金桃的困境,很是同情。1925年,唐励岩的大儿子唐书第正巧在上海与一些有识之士们组建光华大学,就介绍秦金桃到光华大学当了校长室的专职校工。由于他工作勤奋踏实、为人谦和诚实,不久,成为校工中的领班。

当时光华大学是与复旦大学齐名的一所国人自办的私立大学,校长是前清进士张寿镛,副校长是廖世承。因为秦金桃是校长室的专职校工,所以有缘结识了很多当时在校任教的有名望学者教授和社会上的一些名人,如黄炎培、罗隆基、徐志摩、潘光旦、吕思勉、钱锺书、王造时、施蛰存等,和当时还在校就读的邓拓、张允和、穆时英、姚依林、荣毅仁、董寅初、周而复等人也均相识。秦金桃为人忠厚诚实、做事勤快、谈吐得体、待人和蔼热忱,深得光华大学的师生和社会名人们的尊重和信任,其中有不少人把他当作朋友和知己。向有"为人清高"之名的历史学家吕思勉教授,见到这名校工也会驻足与他聊上一阵;著名爱国民主人士、教育家黄炎培先生,见到他总是主动与他握手问好;他与当时家住上海小南门,国内闻名的中医大家秦伯未先生,由素不相识发展到交谊深厚,因两人都是秦少游的第27世后裔,秦伯未先生尊称他为家兄,并书以条幅相赠。施蛰存先生与他也有数十年的交谊。我国著名教育家廖世承先生,把他视作知己,两个家庭之间也过从甚密。宋美龄的干女儿黎佩兰("中国纪录片之父"黎民伟的长女)与沈昌焕也曾在光华大学就读,他俩对秦金桃十分信赖,曾多次托他传递情书,后两人结为夫妻。抗战胜利后,沈昌焕陪同政府要员到光华大学视察,在楼道上看见了正在扫地的秦金桃,马上跑过去与他亲热地握手问候,使得在场的随从们十分惊奇。秦金桃一介平民,能够受到许多文人学者、社会名人的尊重,可见他的人格之魅力非同一般。

秦金桃是一个有忠肝义胆之人。1937年全面抗战爆发,光华大学所处的沪西地区已成为战区,学校只能迁入租界继续上课。当时总务主任陆寿长先生负责具体抢救学校财产事宜,当他指挥工友上搬场卡车时,由于沪西正处在炮火中,工友们吓得面面相觑,迟迟不敢登车。秦金桃是校长室的专职校工,本不需要参加这次任务,但他见此情形,便自告奋勇第一个登上了卡车,工友们见大家所信赖的"金桃哥"都上了车,于是也都跟着上了卡车。卡车开到了火线中的光华大学后,秦金桃与工友们冒着炮火冲进校舍,奋力抢救学校财产,卡车先后装运了三个来回。虽然校园最后被战火吞没,但秦金桃与工友们冒着生命危险抢救出的一部分图书和仪器,对后来学校的教学起到了不小作用。

秦金桃是一个有骨气的人。在抗日战争期间,唐墓桥地区是土匪徐洪发的天下,当时很多人家为免遭土匪的为难,纷纷拿了金钱、礼物去拜徐洪发为"老头子",秦金桃不愿做这有辱祖宗的事。他对家人说:"拜这种人做'老头子',有产业的人,无非是为免遭敲诈勒索;有些没多少产业的人,无非是想沾点光。我既无产业,又不想沾光,这种光即使沾到了,能亮多久?所以我秦金桃决不去拜的!"

抗战胜利后,光华大学在欧阳路复校,廖世承任校长。一天,学校里进驻了国民党军队,霸占了部分校舍与运动场,使得学生们无法正常上课。廖校长多次与驻军长官交涉均无果。他将心中的焦虑告诉了秦金桃,请他想想法子。秦金桃考虑了一阵后说:"医务室的姚莲宝是姚怡诚(蒋纬国的养母、蒋介石的侧室)的侄女,她也许有办法。"廖校长觉得有理,于是与秦金桃一起找姚莲宝帮忙。姚莲宝说:"经国先生最近几天要来视察,只要把这消息告诉驻军的长官,他们马上会走。"廖校长就把这消息告诉了驻军长官,果然第二天下午,驻军全部撤走了。秦金桃的这个主意,化解了廖校长的心结。

秦金桃为人正直,有正义感。1948年春的一天,在无意中他听到两个"三青团"骨干分子在商量,说光华大学的孟大林是共产党,准备在晚上逮捕他。他急忙跑回学校,在球场上找到了孟大林,偷偷地对他说:"孟先生快逃,有人今夜要来捉你了。"由于他及时报信,孟大林才免遭国民党的毒手(这件事,解放后他从没与人提起,直到"文革"期间,孟大林单位的外调人员,为找他证实孟大林离开光华大学的缘由时,才为众人知晓)。在1948年秋的一天,来了两个拿了保密局"派司"(搜查令)的人,要叫他开资料室的门,说是要搜查。秦金桃知道资料室存放有全校师生员工的档案资料,这两个"小瘪三"要搜查肯定没有好事。他就对这两人说:"对不起,我是受校长之命保管这钥匙的,没有校长的吩咐,我不能开的。"这两个家伙拔出手枪指着他说:"老家伙,识相点,快开门!"他面对两个黑洞洞的枪口,毫无惧色,嘿嘿冷笑着对他们说:"小阿弟!规矩点,什么老家伙,蒋夫人的过房囡看见我也要叫我声'老爷叔'呢,你们算啥?'人头'也不识,想拿这两条'烂香蕉'来吓我这老头子?我不会给你们开门的,这是做人的规矩,懂哦?"这两个家伙,在他巧妙的周旋下,无可奈何,只能灰溜溜地走了。过了几天,一名秦金桃熟识的进步学生,突然匆匆走进校长室,对秦金桃说:"金桃叔,有特务盯上我了,我已出不了校门,请你给想想办法帮我逃走。"秦金桃马上让他躲进资料室,把门锁好后,找到了曾帮助多名进步学生脱逃的吕思勉教授,吕教授叫他赶快去叫一辆出租车停在校门口,他叫好出租车后,就与吕教授一起把那位学生接出资料室,然后吕教授挽着那学生的手,一路谈笑风生地向校门走去,当他们走近出租车时,吕教授猛地把那学生塞进了出租车,并叫司机快走。司机倒很"接令子",马上发动了车绝尘而去。那些特务们,因害怕引起学生们众怒,又碍于吕思勉教授的威望,所以不敢在学校内公开抓人,本想等吕教授送别了那学生回校后,将那学生在校外秘密逮捕,见吕教授将那学生塞进了出租车,赶紧大叫:"停车!停车!"但为时已晚。他们气呼呼地过来责问吕教授:"你为何放走那共产党?"吕教授笑道:"他是共产党我又不知道,你们为什么不早点告诉我?"他丢下话后得意地回进了学校。这时站在楼上校长室窗后的秦金桃,紧张地注视着校门,看到那学生乘上了车安全地脱逃,终于松了一口气,脸上露出了舒心的微笑。

秦金桃当了光华大学的校工后,接受着高尚文化的熏陶,他的思想观念得到了升华。他的胸前戴着光华大学的校徽,虽然他只读过三个月私塾,但能读懂校徽上"格致诚正"四字校训,他明白这个道理:做一个能力上完善的人,必须要有学问;做一个人格上完美的人,必须要有诚信与正直的品格。所以他告诫自己的孩子们,"要做一个有学问的人、一个有完美人格的人","人家与你的仇是可以忘记的,人家与你的恩是万万不能忘记的",这些训诫一直激励着他的后代。他的长子为光华大学的员工。次子于1951年入党,并在上海财经学院国际贸易系毕业,成为村上第一个大学生,毕业后在外贸公司任科长,兼书记,曾出访十六国。三子是化工专家,曾任国家大型企业、甘肃省刘家峡化肥厂总工程师。幼子也饱读诗书,颇有文才,青年时期曾发表过多篇文章。孙辈中有中学教师、工程师、省报编辑、教授、博士、博士生导师、医生等。这些子孙们都是诚信自律之人。令他欣慰的是,子孙们总算没有辱没先祖秦少游的脸面。

1949年5月上海解放,10月1日中华人民共和国成立,上海沉浸在一片欢腾之中。光华大学全校师生员工召开庆祝大会,秦金桃作为学校的工人代表上台发言,他愤怒控诉国民党的黑暗统治,也讲到了军统特务拿枪威吓他开资料室门的一事。当说到"想拿这两条'烂香蕉'来吓我这老头子"时,全场发出会心的笑声,继而一阵热烈的鼓掌。在这次发言中,他热情真诚地称赞了光华大学的共产党员,说:"我在光华当了二十五年的校工,听到看到的多了,凡是被国民党称作共产党,甚至被抓去的人,不管是教师还是学生,都是作风正派、待人和气、学问很好的人;而在学校内横行霸道、告密抓人的那些人,都是些流里流气的'小赤佬'。"他又说:"现在解放了,我们可以挺起胸膛做人了。"他那热爱新中国、热爱共产党的情感,溢于言表。他这次生动朴素、充满真诚情感的发言,被学生党员陈一飞(著名教育家陈鹤琴先生之子,后调中央组织部工作)整理成文,登载于光华大学的校刊上。

1951年,上海各大学进行调整,光华大学与大夏大学合并,改名为华东师范大学。秦金桃于1973年5月17日离开了人世,享年75岁。

秦金桃,一个普通的人,他在处世为人的操守上,始终闪烁着中华民族传统美德的光芒,在普通人身上,有着不普通的地方。

商海贤达陆清泽

●

　　陆清泽字莲溪,唐镇暮紫桥人,生于清同治元年(1862年),本姓张,因舅家无子,继嗣于舅家姓陆。张、陆两家都是清贫的书香人家,为振兴家业,陆清泽在年轻时就弃儒经商,从事"地货行业",往来于川沙与上海之间。他为人忠厚诚实但不失精明,生活俭朴、能忍艰苦,经十余年的辛苦拼搏,与胞弟张国模(字竹溪)在上海十六铺开设"地货行""水果行",并在川沙城内创下了一份不小的家业。

　　陆清泽生有二子,长子陆文俊,次子陆文信。儿子们成年后,也就协助父亲打理生意,陆文俊为人诚笃,主内;陆文信(字问梅)经商精明,主外。为方便与官场的往来,他为次子陆文信捐了个"监生"的功名,从此,陆清泽在生意场上更是如虎添翼。陆家的土产"大黄鱼肚",在宣统二年(1910年)九月的"南洋劝业会"上获得四等奖,民国三年(1914年)五月的"巴拿马赛会"上获"赛定合格奖"。"黄鱼胶"与"天花粉"(一种用"杜瓜根"提取的淀粉,可以像藕粉一样冲饮)在民国四年(1915年)五月的江苏省第一次"地方物品展览会"上获得三等奖。从此"陆家地货行"名声大振,生意更为兴隆。到民国初年,陆家已成为川沙城的首富,当时人们称其为"陆半城",可见他家业之大。

陆清泽在中年以后,热衷于社会公益事业。民国三年(1914年)一月,他与春源祥南北货号老板艾文煜(字煦春),共同发起组建川沙县商会,并被选为会长,与商界同仁们共同谋划经济的发展。当时,有杜锡祥等人于1913年2月创办的"协昌小轮公司",从事上海到川沙之间的客货运输。由于租借轮船经营,所以只经营了一年就停办。陆清泽觉得交通是商品交流、地方经济发展的命脉,这种西洋传来的"小火轮"快捷方便,如此停办很是可惜。遂与艾文煜及部分商家一起出资集股,于同年9月接办协昌小轮公司,并改名为"大川小轮股份有限公司",购置"新吉利""民利"两艘小火轮及"国安""国祥"客驳两艘,增设川沙至南汇航线,全程自南汇起,经四团仓、祝家桥、六团湾、川沙、三王庙、陈推官桥、徽州店、牛角尖、北蔡至上海董家渡。后又添置了"民和"轮,增加了航班。"大川小轮公司"加快了城乡之间的商品、信息交流的速度,对当地的经济发展有着积极的作用。

1921年1月,他协同黄炎培、张志鹤、顾家曾等人发起组织"上川交通股份有限公司",筹建小铁路。1926年7月10日,川沙至庆宁寺全线21公里建成通车,可惜此时陆清泽已经过世,未能亲自见证通车典礼的盛况。以往从川沙到上海须步行五六个小时,坐小火车则只需个把小时。

1921年9月,他与艾文煜、徐介繁等人,就"大川小轮公司"原组织扩充股本两万元,筹建"大川电灯公司",在暮紫桥陆张合祠"同本堂"东侧建造发电厂。1922年7月董事会成立,他的儿子陆文信任公司总理,徐介繁为协理。翌年9月,交通部颁发电气营业执照,始发直流照明电,供电区域为川沙城至暮紫桥。暮紫桥比周边有些农村地区早了半个世纪通电。

陆清泽还参与各种社会事务,在川沙市商团、至元堂(慈善机构)、育婴堂、清理盐田协会、平粜局、交通局、储蓄会等组织机构担任兼职。民国四年(1915年)七月,浦东沿海遭受风灾,灾民闹荒纷起,陆清泽往来川沙、上海之间数十次,募集善款赈恤。民国八年(1919年),他与胞弟张国模合捐"同本堂"祠产基本金五万元,创设"同本堂义庄",订立规章,以其产出利润分为三,一份用作地方善举费,一份用作同族教育费,一份用作宗祠的修缮祭祀费。黄炎培曾为"同本堂义庄"作记,陆炳麟为《同本堂义庄章程》作序。陆清泽还特别注重家乡的教育事业,宣统二年(1910年),他与丁逢源合办"源清小学",后捐资校舍改办"竞新女子学校",开川沙地区女学之先河。民国三年(1914年)在暮紫桥"同本堂"西侧开设"莲溪小学"。他悉心办学的义举,惠及莘莘学子。

他对鳏寡孤独之无告者,常施衣给米,存问周恤,习以为常。热心社会公益事业,二十余年如一日。临终遗言,嘱咐其子,为学校增加教育基金与育婴堂善款。其弟张国模,遇善举,巨细必任,其乐善之诚堪比其兄,时人称他们兄弟俩为"二难"。

陆清泽卒于1924年,享年63岁。

话说唐镇的毛巾业

●

毛巾是我们日常生活中不能缺少的日用品,每天起床后的盥洗,就要和毛巾"见面",晚上洗脸、洗脚又要和它"亲热"一番。不能想象,一个"洁身自爱"的人,如果没有毛巾会有何等的感受。然而,毛巾却不是始创于中国,在毛巾未传入我国的百余年以前,我们老祖宗日常的盥洗,用的是一条又粗又硬、叫"高丽布"的手巾。

毛巾是在1811年始创于法国,开始是用蚕丝生产,是贵族们的生活用品,1848年才用棉纱生产,平民开始使用。1864年美国开始工业化生产毛巾,14年以后的1894年,日本也开始制造毛巾,于是,日本"铁锚牌"毛巾渐渐传入中国。这种一尺多宽、二尺多长的手巾,正反两面密布着细小的纱圈,手感柔软如毛皮,所以人们就叫它毛巾。用毛巾洗脸、擦身,这种柔和舒适的感觉是"高丽布"所不能比拟的,所以它一传入中国就受到人们的青睐。

毛巾传入中国五年后的清光绪二十六年(1900年),川沙"内史第"第二代主人、黄炎培先生的姑父沈毓庆,在能工巧匠张艺新的帮助下,在上海地区织布机的基础上,改造出织造毛巾的专用木制织机。于是,沈毓庆在他宅院内创办了国内第一家织造毛巾的工厂"经纪毛巾厂",一时名震四方。当时经纪毛巾厂有织机30余台,并附设漂染工场,招收女工习织毛巾。可是两年后,我国毛巾业的开创者沈毓庆先生,在他英年34岁之时,不幸患病故世,经纪毛巾厂也随之倒闭。但他开创的毛巾业,并没有因为创始人的早逝、工厂的倒闭而因之消失,相反,川沙城乡妇女竞相传习织巾技术。短短三四年间,川沙城内及四周村镇相继出现了10余家毛巾厂,川沙地区毛巾业从此迅速走上兴盛时期。1920年,川沙地区已有大小毛巾厂75家,织机2 500台,从业人员3 750人。到全面抗战爆发前发展到202家,织机5 371台,从业人员8 600多人,年生产毛巾260万打,产品行销国内外,川沙地区成为备受世人关注的"毛巾之乡"。

唐镇地区的毛巾业,起始于20世纪30年代末。临近川沙城的暮紫桥人王林根,于1939年2月,投资三千余元,在家里办起了有45名工人的"泰丰毛巾厂"。但不久日寇入侵,上海沦陷,日伪时期经济萧条,王林根的泰丰毛巾厂只能开开关关,苦苦维持。抗战胜利后,经济开始复苏,不但泰丰毛巾厂的生产步入了正轨,而且唐镇地区的毛巾业也有了空前的发展。在王林根的影响下,暮一村的赵树林、暮二村的丁培元、机口村的胡郁熙兄弟、虹一村的马富林等21人,开办了大小不等的21家毛巾厂。

中华人民共和国成立后,社会气象更新,一片欣欣向荣,政府提倡解放妇女,实行男女平等。虹一村的唐范氏(本名范水金),一个普通的农村妇女,勇敢地走出了家门,参与社会工作。她受到暮紫桥一带毛巾厂兴旺景象的启发,也想为当地的妇女姐妹们办一家毛巾厂,当时资金不足,但她很聪明,用动员姐妹们入股的办法进行集资。她的倡议得到了众多姐妹们的支持,很快,一个以妇女为主体、带有股份制性质的新型企业"王港棉织厂"在王家港镇西市街开业,在当时传为佳话。与此同时,小三村的程冬林等人,也开起了6家毛巾厂。至此,唐镇地区的毛巾厂多达28家,形成了一定的规模效应,说明这里人们思想观念意识在发生变化,由农业社会向工业社会跨出了可贵的第一步,在当时社会历史条件下是难能可贵的。

随着毛巾业的兴起,唐镇地区也出现了一个新的从业群体——毛巾工人,是唐镇地区的第一批产业工人。在我国传统上,从事家庭纺织的都为女性,所以从事毛巾编织的工人也都为年轻女性,人们就亲昵地称她们"毛巾姑娘"。"毛巾姑娘"大多来自贫苦农家,过去田少子女多的农家,生活确实是十分艰难,能上毛巾厂做工,对她们来说是有了一条生活出路。过去织毛巾都是用木机,坐在上面,脚踏、手拉、眼睛看,一天下来,真是手酸、脚酸、屁股痛,非常辛苦。有首民谣唱道:"蔷薇花开白泱泱,毛巾姑娘能有样;熬辛吃苦毛巾织,寻格铜钿养爷娘。"这完全是对当时毛巾姑娘的真实写照。暮二村曹海珍老人,当时就是为生活所迫，12岁进毛巾厂，先是做摇纱工，后来做了织巾工，做到55岁退休。在唐镇地区，像曹海珍老人一样的当年的"毛巾姑娘"为数不少。

唐镇地区的毛巾厂，多为进销加工型企业，自己没有品牌，不直接进入市场销售。一般都由上海私人开办的毛巾发行所前来订货生产，产品由发行所收购后，进行"后整理"，印上商标及出品人，再批发给全国各地的商户。所以工厂的命运掌握在发行所手中。中华人民共和国成立后，政府为改观这种不合理的局面，1950年，"中百公司"设立"川沙毛巾联营处"，取缔了所有的私营发行所，把毛巾业的收购、销售、发行全部纳入中百公司管理下的正规渠道。从此，唐镇地区的毛巾业呈现出一派欣欣向荣的景象。为有利生产、节约成本，小厂积极联营成大厂。丁培元、马富林、赵树林、胡郁熙、胡仲熙等人，在俞公庙旁开设了"联营毛巾厂"。暮紫桥一带的毛巾小厂，组成3个合作社，分别命名为"暮一毛巾生产合作社""暮二毛巾生产合作社""暮三毛巾生产合作社"。"王港棉织厂"在唐范氏的管理下，制度严密、岗位明确、生产有序，产量逐年上升，工人发展到100多人，还兼织棉布，成为当时唐镇地区最大的织造厂。通过联营、合作社的体制改革，唐镇的毛巾业极大地提高了生产率。此时，国内工农业生产发展迅速，人民生活水平普遍提高，毛巾的需求量迅速增大，这一段时期的毛巾厂的生产，真是热火朝天。

1956年公私合营后，联营毛巾厂并入"川沙毛巾厂"；暮紫桥一带的毛巾生产合作社，合并为"地方国营暮三毛巾厂"，后来改名为"上海市第二十二毛巾厂"，有女工300多人。"王港绵织厂"改为"地方国营王港绵织厂",至此,唐镇地区的所有毛巾厂,走上正轨,工人的福利也普遍提高。可惜的是,地方国营王港棉织厂因经营不善,于1962年破产倒闭。

  在很多农村地区还未有勇气办工业时候,唐镇的毛巾工业已经呈现了活跃的势态。可以看出,这里的人们有着超前的社会意识。在社会意义和经济意义上,唐镇地区毛巾业的发展历史,都值得被纪念。

夜袭王家港

●

1948年5月25日深夜,在浦东王家港镇上,人们都已进入梦乡。突然一阵密集的枪声,划破了宁静的夜空,枪声过后又恢复了宁静,接着,只见一队人影,背着枪支迅速撤离了王家港,消失在夜幕中。这是在上海解放的前夜,"浦东人民解放总队"发动的一次解除地方反动武装的突袭行动。要问如何策划这次行动,须从头说起。

1947年6月,国民党反动派撕毁了停战协议,发动了内战。在国统区内实行征丁、征租、征税的"三征"政策,以补军需,并在各乡镇发放枪支组织"自卫队",妄图做垂死的挣扎。

同年7月,中共上海党组织根据当时形势,广泛发动群众,进行"反三征"斗争,在各区乡建立"护丁小组",抵制国民党拉壮丁。同年年底,在"护丁小组"的基础上建立"浦东人民护丁总队",号召组织群众开展武装斗争。浦东人民护丁总队建立后,组成游击小组,向地主征募军饷,以解决部分给养;建立秘密情报侦察、联络站点,收集情报;收缴国民党乡"自卫队"的枪支弹药,来武装自己。1948年1月,根据全国解放战略大反攻的形势,上级恢复"中共浦东工作委员会"(以下简称"浦工委"),由书记张凡统一领导地下党和人民武装,直属淞沪工委。同时,"浦东人民护丁总队"改名为"浦东人民解放总队"(以下简称"浦解总队"),还把区武工队改为中队建制,"路北区武工队"改名为"路北独立一中队"。在加强政治攻势教育的同时,继续发动群众开展反抽丁和"二五"减租斗争。

1948年2月,全国解放战略大反攻的形势开始明朗,为配合形势,进行"反清剿"斗争,"浦解总队""路北独立一中队"收缴了祝桥镇"自卫队"的枪械;4月,又除掉了陈桥乡公所的据点。

5月的一天,"浦解总队"得到王家港情报人员陈云通的汇报:"情况摸清,生意可做。"这位陈云通,是川沙城南陈家行人,受组织安排,早在4个多月前,在王家港镇上开了家裁缝铺,以做裁缝为掩护展开收集情报工作。他手艺不错,人也和气大方,很快与当地人交上了朋友。镇上的人不知道他真实姓名,都叫他"南头师傅"。他不仅接受顾客的来料加工,也愿意到顾客家中做出门工。没过多久,他就能挨着门牌号叫出住家的姓名。几个月下来,他把王家港自卫队的人员编制、家庭住址、武器配置等情况,了解得一清二楚。王家港镇是国民党川沙城郊办事处的所在地,"自卫队"配有轻机枪1挺,步枪、手枪20来支,实力比较雄厚。队长蒋伯良是浙江仙居人,为人刁钻凶狠。武器大都掌握在镇上参加"自卫队"的各商家老板手中,伪乡长马铭驹也有短枪一支。

"浦解总队"根据陈云通的情报,制定了作战方案,决定向王家港"自卫队"开刀。25日晚上九点,"浦解总队"短枪班与"路北独立一中队"官兵40余人,在正、副总队长肖方、张震言及张世博、王新章带领下,分兵三路向王家港进发。一路从城隍庙桥进入东街,一路从三角街桥进入中市街,一路从西板石桥进入西市街,按既定方案,同时开始行动,逐个收缴自卫队员的枪械。

中市街百货绸布店曹老板家里,装有王家港唯一的一部电话机,是"自卫队"与外界联系的工具,被定为首攻的目标。当游击战士破门而入时,曹老板夫妇从梦中惊醒,突然见到神兵从天而降,吓得话也讲不出来,乖乖地交出了放在枕边的手枪。游击战士离开后,曹老板才想起要打个电话通知小湾乡和唐墓乡的"自卫队"来支援,但只见电话线已被扯断,电话机也不见了影踪。

西市街"大得协轧厂"张老板家中有机枪一挺,被定为主攻目标。游击战士破门而入时,遭到张仲伯兄弟俩的射击对抗,现场响起激烈的枪声。但张氏兄弟怎敌得过训练有素的游击战士,在他们一梭子子弹打完,正要想换弹夹时,游击战士迅速冲入将张氏兄弟击倒,缴掉了他们全部武器。其他"自卫队"队员也像曹老板一样,游击战士一到,都吓得乖乖地交出了武器。整个战斗只用了一个多小时就告结束,战士们马上撤离现场。这次袭击,缴获了轻机枪1挺,长短枪18支,取得了不错的成果。

有趣的是，这次袭击后的第三天，即1948年5月27日深夜，国民党吴淞要塞守备总部所属驻川沙部队赴王家港巡视，王家港"自卫队"已成惊弓之鸟，以为游击队又来了，立即开枪射击，守备部队认为自卫队的武器已缴掉了，开枪的肯定是共产党游击队，在黑夜里双方都认为对方是敌人，一时枪声大作，惊醒了睡梦中的居民。后来守备队想想不对，就叫来伪乡长马铭驹，让他爬上屋顶，让向"自卫队"说明来的是自己人，但"自卫队"恐马铭驹为游击队所迫，置之不理，继续开枪，一直到天明，双方方知是误会。

"浦解总队"的这次夜袭王家港，有力地打击了国民党"自卫队"的威风，还引发了"狗咬狗"的好戏，得到了一个意外的收获。

（本文由张佳宝采集资料）

"麻子状元"的传说

●

唐镇前进村的秦家祖上,相传在明代曾出过一位进士秦嘉楫与举人秦国士。传说,后来又出了一个进士,而且还是状元及第。这位状元生得一脸麻子,人们当面恭敬地称他秦状元,背地里却叫他"秦麻子""麻子状元",时间一久把他的名字都忘了,"秦麻子"成为他的大号。"麻子状元"官场政绩无人知道,却有几则有趣的故事流传乡里。

秦状元十年寒窗苦读,学富五车,四书五经倒背如流,京城会考名列三鼎甲。御前殿试,他满脸的大麻子惊到了皇帝。因文才出众,皇帝虽不情愿把状元赐予他,但又没有充足的理由。太监出了个主意,用抓阄的办法在前二甲之间定夺,结果还是他抓到了状元,皇帝说他福大,无奈,只得把状元的桂冠赐予他。到了"分配管事"环节,因为任谁看到他都害怕,没有一个衙门愿接纳他,皇帝只好让他回家"带薪待岗",不要在官场中吓人了。

秦状元有一个族叔,定居在老宅西北的"风水墩头",与邻居纠纷打起了官司,一天听说县老爷要来察访,这位族叔就请他出面论理。县老爷驾到时,只见客堂上一人正襟危坐,面向南捧着一本书在念,也不起迎,县老爷就讥讽道:"公子如此认真读书,莫非准备进京赶考?"只见这位读书人答道:"我是读书读得从京城回来了!"并随手把遮着脸的书放下,县老爷一见是一个恶麻脸的中年人,知道此人并非别人,正是秦状元,于是马上以礼相见。之后族叔的官司也就打赢了。

有一次,当地有家财主办喜事,为抬高自己的身价,请秦状元吃喜酒,同时也请了一批"芝麻绿豆官"。开宴时,年高的秦状元毫不客气地在首席上落座,这些"芝麻绿豆官"见这老头一脸麻子,看着要恶心,都不愿与他同席,于是秦状元的这一桌上只有他一个人,他也不管这些,一个人自斟自饮尽情享受。临了还说了句:"喔唷!今朝么吃畅!"这句话引起旁边桌上那些"芝麻绿豆官"的不满,于是其中一人就责问秦状元:"啥叫啥吃畅?"这一问正中秦状元的下怀,他高声答道:"平生吃畅有三次,第三次是今天承蒙主人厚爱,独酌一席;第二次是洞房花烛夜,醉享喜筵;第一次是金銮殿殿试中状元,钦赐御酒三杯……"话音刚落,这些"芝麻绿豆官"一个个面面相觑、下跪膜拜……活现出这般趋炎附势的小人嘴脸。

自秦麻子高中状元后,这里的秦家人一直不太平,经常生病、死人,请巫婆扶乩说,秦麻子高中状元后回家时,乡里在阴间的人们都是跪着迎接的,秦状元没有抬手示意他们起身,一直跪到现在,膝盖也跪肿了,所以要作怪。必须做七七四十九场功德道场去安抚,方可免灾。于是秦家人诚惶诚恐,变卖了家产,请了巫婆、道士做功德道场。结果,病灾没有驱走,好一个秦家望族,"柴堆两头拔",变成了穷光蛋。

(秦鑫麒参与编写)

龚家祠堂

　　唐镇地区,有一种特殊的人文风情,就是有众多的祠堂。据历史记载,唐镇镇域内的祠堂有暮二村一队的丁家祠堂;暮二村四队的顾家老祠堂;暮二村六队,堂名"思源堂"的顾氏宗祠;小湾村七队,堂名"遇尧堂"的奚氏宗祠;小湾镇西,堂名"居隐堂"的张氏宗祠;一心村七队的唐氏宗祠;一心村十队的卫氏宗祠;王港镇西市的唐家祠堂;虹三村四队的沈家祠堂;大丰村一队的王氏宗祠;大丰村南二队的唐家祠堂;大众村建中队,墙门题额"三槐祠塾"、堂名"世本堂"的王氏宗祠;大众村陆家队的陆家祠堂;唐四村马家队的马家祠堂;唐镇村镇南队,堂名"崇本堂"的曹氏宗祠;前进村唐家队,堂名"彝训堂"的唐家祠堂;民丰村龚祠队的龚家祠堂。如果加上暮紫桥东浜(现已划归合庆镇管辖),张国模、陆清泽合建的"同本堂张陆合祠"。整个唐镇地区的祠堂就有18座之多,其数量之众,是上海地区任何一个乡镇所不能比拟的。

唐镇地区有这么多祠堂的缘由,主要是宗族众多,唐镇地区的早期开拓者,经数百年的繁衍,形成了一个个人丁兴旺的族群。且这些族群都是知书达理的耕读世家、乡间望族,在历史上都出过不少时代精英,有史记载的有:唐望(之敏)、曹竹轩、龚晴江、张介封、唐棣、丁锡元、顾心舆、张守礼(立斋)、卫道周、龚源本(晓江)、龚汇伯、曹涵、张国模、陆清泽、王世勋、奚正良、张庆平、唐文圃,等等。这些精英们,都是热衷社会公益事业的有为之士,造桥铺路、开河修庙、赈灾民济贫困、兴义塾办学堂,都有他们的身影。同时,他们都有强烈的传统宗族观念,为敬宗睦族、感念祖先创业之艰辛,希望自己家族的延绵兴旺,热衷于修家谱、造祠堂。

祠堂是追念、祭祀先祖的场所,是家族小社会的缩影,是家族凝聚力的象征。唐镇地区有如此众多的祠堂,而以祠堂作为地名且流传至今的却唯有龚家祠堂。为何如此?笔者以为,大概与龚家祠堂特殊的人文历史有关。

龚家祠堂的龚氏始祖本姓张,是元末义军领袖之一的张士诚之子。张士诚在平江(今苏州)自称吴王,元至正二十七年(1367年)正月,朱元璋派徐达攻打平江;十月,平江陷落,张士诚在府邸中闻城溃,对其妻刘氏说:"我兵败且死,你怎么办?"刘氏冷静答道:"君勿忧,妾必不负君。"言毕命人在齐云楼下积柴薪,她怀抱两个幼子、与张士诚诸妾登楼,自缢前令人纵火焚楼。此时,有一龚姓侍卫见状,救下两个幼子,并对吴王张士诚道:"大王仁德,小的没齿难忘无以为报,今大王遭难,小的定要相救两位小主人,以存大王血脉。"于是龚侍卫与两位小主人,乔装改扮,带上吴王所赠的金银细软,混在逃难的人群中,一路向东逃去,于明洪武元年(1368年),落脚在当初还是穷乡僻壤、一片茅草地的唐镇,龚侍卫为避人耳目,遂将两位小主人随自己改姓龚(一说张士诚的长子改姓龚)。经三百余年的繁衍,至清乾隆年间,龚姓人家已成为一方大族群,其居住地"茅草地",也被改称"龚家角"。

清乾隆四十五年(1780年),张士诚裔孙龚晴江,为感念龚侍卫对先人救命之恩及先人创业之艰辛,在"茅柴沟"南的龚家角老宅西南,西接"横浜"的"南茅柴沟"北岸,张江栅至唐望桥的官路西边,建造了一正两厢房"绞圈房子"式的龚家祠堂,并修续龚氏宗谱,尊龚侍卫为恩祖,题祠名为"承恩祠"。其厅堂有"本枝百世"的匾额,两边对联曰:"秀水天长源远,茂林地厚极深"(按族规,族人取名辈分按此联十二字为序)。在祠堂正前方的"水桥"两旁河岸边栽了两棵榉树,又在东面官路的"南茅柴沟"上修建了名为"祠堂桥"的石桥一座,从此,"南茅柴沟"改称"祠堂沟"。

清光绪十三年(1887年),龚源本(字晓江,其事迹参阅中国戏剧出版社2009年版的《唐镇史韵》)修续家谱,集资重修承恩祠;光绪三十一年(1905年)以全族公款再修承恩祠,并添建后埭祠屋五间。民国十年(1921年),龚晓江发起利用祠屋创办"醒民小学"。

在敌伪时期,日本侵略者拟在祠堂内设据点,两个日本军官骑着高头大马前来勘查,当他们走在茅柴沟上的松木桥上时,桥板突然断裂,两个日本人连人带马掉入河中,差点淹死,在祠堂内设据点的计划就此作罢。1947年,一个闷热的夏天,一声惊雷,打掉了祠堂的东山墙,并把一条大青蛇打死;又是一声雷,打掉了祠堂前的一棵百余年老榉树的树冠。祠堂前的两棵老榉树,在这里生长了178年,于1958年人民公社时期被砍去。"文革"破四旧的运动中,《龚氏宗谱》被烧毁,醒民小学改名为"民丰小学"。

龚家祠堂建成后,每年的清明、冬至两节气,开堂祭祖,祭拜者不仅有当地族人,还有散居于各地的族人,场面颇为壮观。在中华人民共和国成立前的一段时期,祭祖的仪式都由龚汇伯(其事迹参阅唐镇史韵)主持并出资,届时每户长者前往拜祭,祭毕,龚汇伯在家中招待这些族人吃饭,共叙同族之谊。

由于龚家祠堂具有独特的人文历史背景,又地处上海城至川沙城的官路旁,成为一个地标性的建筑,所以最后龚家角的地名,渐渐被"龚家祠堂"所取代。人民公社时期,此处生产队队名为"龚祠生产队",也带着祠堂的印迹。

(资料来源:光绪、民国《南汇县志》、民国《川沙县志》。资料提供者:龚政权)

唐镇小学的变迁

●

唐镇小学创办至今已有百余年的历史,20 世纪 50 年代前,是唐墓桥地区唯一的一所完全小学。唐墓桥地区土生土长的人,不管现在是古稀、耄耋之人,还是而立、不惑之年的一辈,在童年时期,大都曾在这里接受启蒙开智,在这里开始接受人格上的雕琢,从这里步入知识的海洋。

唐镇小学的前身,是天主教教会在 1868 年创办的陈家公学,这是浦东地区第一所西式学堂。1897 年露德圣母堂建成后,陈家公学迁至露德圣母堂旁,并改名为"圣达义公学"。1935 年,达义公学正式开设初中部,并定名为"达义初级中学",小学部定名为"达义小学",其校舍坐落在露德圣母堂的北侧。在那时的川沙县地区,达义小学是为数不多的教学设施完善的完全小学之一。虽然学生不限于有天主教信仰的家庭的孩子,但其校风、学风还是带着浓重的宗教色彩。1952年9月,川沙县人民政府接管了达义小学,并改名为"唐墓桥中心小学"。从此这所走过半个多世纪的教会学校,摆脱了教会的束缚,校园内庄严地升起了中华人民共和国国旗,师生们欢天喜地地扭起了秧歌,红领巾飘拂在学童们的胸前。1960年,学校改名为唐镇中心小学。

沐浴在春天阳光下的唐镇中心小学,老师们都以无比热情、认真的姿态辛勤耕耘在讲台上。那时,教师物质生活是比较清苦的,可是唐镇小学的老师们,"园丁"的责任牢记在心,为了孩子们成为德智体全面发展人才,他们无怨无悔地操劳,精心呵护孩子们茁壮成长。在那自力更生、艰苦奋斗的岁月里,唐镇小学为祖国培养了大量人才。到了"文革"期间,在"知识越多越反动"这种荒谬论调的影响下,学校长期处于混乱状态。1976年的10月"春雷",振奋了神州大地,国家走上以实现四个现代化为目标的正常轨道。与此同时,科学技术是第一生产力,教育是立国之本的思想逐渐成了全社会的共识,"尊师重教"重新被确认。自此唐镇中心小学进入了快速发展的时期。

改革开放后,唐镇中心小学确立了"以少先队教育为突破口,推进学校教育整体发展"的办学思路,逐步形成了以少先队教育为主阵地,以德育为重点,培养学生德、智、体全面发展的办学特色。学校紧紧把握少先队教育与学校教育整体发展的关系,根据推进素质教育的要求,逐年出台了一系列改革方案和措施,使学校管理的运行进入了高质量、高效率的发展阶段,并取得了显著的成效。学校先后获得"全国红领巾示范学校""全国少先队实验基地""全国雏鹰大队""全国'双有'活动先进集体

(即心中有祖国、心中有他人)""全国五旗(党旗、国旗、军旗、共青团团旗、少先队队旗)活动先进集体""全国少先队教育科研成果一等奖""全国红旗大队"国家级荣誉9项。获"上海市德育先进学校""上海市教育科研先进集体",获"上海市新长征突击队(辅导员队伍)""上海市优秀家长学校"等市级荣誉23项,获"浦东新区三星级行为规范学校""浦东新区德育先进集体""浦东新区教育科研基地""浦东新区优秀家长学校""浦东新区办得好学校"等区级荣誉73项。唐镇中心小学沐浴在阳光明媚的春天之中,其工作业绩闻名全国。

改革开放使唐镇获得了经济的迅速发展。在唐镇人民政府的关心支持下,1987年7月,唐镇中心小学新校舍在唐望桥西首拔地而起,师生们告别了百年老校舍,欢欣地迁入了花园般的新校舍。后又经过20余年的改造扩展,现在的唐镇小学校舍更是今非昔比。唐镇小学占地9 219平方米,设有行政楼、教学楼、综合楼、体育馆等现代化的大楼,配备了实验室、图书室、微机室、语音室、音乐室、舞蹈室、美术室、劳技室、多媒体室、多功能阶梯室、远程教育室、体育室等专业教室及带环形塑胶跑道的运动场,花园绿地错落有致地分布在校园中。师生们走进校园,如走进春天的花园一般心情舒畅。

2008年,学校引进了体教结合项目,与上海精武体育会合作,把武术引进课堂,作为弘扬民族文化、传承民族精神、开展阳光体育的内容之一。同时,还引进了时尚高雅的体育运动项目——台球,并在上海市台球协会、唐镇人民政府的协作支持下,成立了上海市台球协会浦东分会唐镇中心小学台球训练中心,起到了培养学生高雅情趣,提升学生身体素质,发掘、培养台球运动专业人才的作用。

2002年,学校改名为唐镇小学。如今的唐镇小学努力依托信息技术,促进学校的内涵发展。近年来,学校进行了数字化校园建设,创建了学校网站,使学校管理实现现代化、网络化、无纸化、数字化,学生和家长通过登录校园网,不仅能了解学校教育、教学动态和信息,还能直接与老师交流、沟通。电子化备课与多媒体教学设施使课堂教学告别了黑板粉笔的时代。信息技术的运用,提升了教学质量。现今,唐镇小学进入了信息化、数字化高科技教学的春天。

沈小萍校长说:"教育是一项事业,事业的意义在于奉献;教育是一门科学,科学的价值在于求真;教育是一门艺术,艺术的生命在于创新。我希望,这里是孩子成长的沃土,这里是雏鹰翱翔的蓝天,每一个孩子在这里都能拥有最快乐的童年。""骐骥一跃,不能十步;驽马十驾,功在不舍。"当前唐镇小学全体师生正在齐心协力,将学校建成校园环境优美、文化气息浓郁、教育设施精良、管理机制科学、工作环境和谐、教师素质良好、教学质量上乘、学生健康自主、社会认可、家长信任的好学校。

唐镇小学的百年变迁,是唐镇地区甚至上海百年来基础教育发展历程的缩影。唐镇小学近三十年的变化,是翻天覆地的变化。愿百年唐镇小学永远洋溢着春天的气息,愿祖国的花朵更为艳丽。

(本文写于2007年)

擎起星星火炬的三代辅导员

●

"星星火炬",是中国少先队队旗与队徽的主要组成部分,是中国少年儿童在中国共产党的领导下,向着光明的未来前进的象征。

1952年9月,川沙县人民政府接管了达义小学,并改名为"唐墓桥中心小学",学校挣脱了教会的束缚,红领巾骄傲地飘拂在学童们的胸前,校园内庄严地升起了五星红旗。唐镇小学的少先队成立后,新民主主义青年团(后来的共青团)团员乔永洁老师成了第一任大队辅导员。乔老师用心高擎起星星火炬,带领少先队员开展了一系列具有新时代意义的少先队活动。如"三要三不要"活动、"互帮互学"活动、"小五年计划"活动等。"三要三不要"(要爱护公物,要爱惜时间,要艰苦朴素;不要损人利己,不要浪费,不要贪小便宜和拿别人东西)活动,培养了学生们的行为规范;"互帮互学"的学习活动,提高了学生们对学习的兴趣,使学生们的学习成绩普遍提高。在"小五年计划"中,少先队员们收集废钢铁,帮助农民拾麦穗、稻穗,在校园里种植油料作物,饲养小动物,节省零用钱捐献给农业社购买拖拉机,排演文艺节目,慰问军烈属等一系列活动搞得轰轰烈烈、生动活泼,一改以往沉闷的校园气氛,使学生们进入了一个全新的精神境界,"爱祖国、爱人民、爱劳动、爱科学、爱护公共财物"的"五爱"精神在这里滋长发扬。

在第三次全国少年儿童工作会议前夕,川沙县团委把唐墓桥中心小学少先队工作的先进事迹,向团中央作了汇报。团中央项南书记见到这生动的事迹后,即派其助手奚杏芳进行考察核实。奚杏芳在川沙县团委干部顾其敏陪同下,来到了唐墓桥中心小学,与学校老师、少先队员们进行座谈,听取了他们对历年来少先队工作的介绍,并观看了历年来少先队工作记录与活动成果。她当即肯定了唐墓桥中心小学少先队的工作成绩,并勉励大家继续做好少年儿童的工作。1955年夏,乔永洁老师作为川沙县少先队优秀辅导员,代表川沙县出席第三次全国少年儿童工作会议,被评为全国优秀少先队辅导员。

1956年,乔永洁老师作为川沙县教师队伍中的优秀人物,调入当时的县重点小学城厢小学任教,唐墓桥中心小学少先队大队辅导员由曹惠鸥老师继任。在第三次全国少年儿童工作会议中,团中央提出了"积极大量地发展少先队员"的方针,让更多的孩子戴上红领巾;"活跃少年先锋队生活,把少年儿童带领得更加勇敢活泼"。唐墓桥中心小学在这次会议精神的指引下,迅速扩大少先队组织的队伍,很多学生在被尊称为"妈妈老师"的大队辅导员曹惠鸥老师的鼓励下,在队旗下庄严宣誓"时刻准备着!"光荣地加入了少先队。曹惠鸥老师,像妈妈一样把全身心的爱倾注在学生们的身上,在她嘴里听不到呵斥,听不到埋怨,听不到责备,只有劝慰和诱导。在她的循循善诱下,学生们增强了积极上进的信心。在她倡导下,学校开展了"热爱红领巾,做个好队员"的活动,很多后进队员也上了光荣榜。1960年,曹惠鸥老师光荣地出席第四次全国少先队工作会议,被评为全国优秀少儿工作者。

学校1960年改名为唐镇中心小学。在"文革"时期,少先队停止活动长达十余年之久,这是一个时代的悲哀。1978年10月,共青团十大宣布了党中央关于我国少年儿童组织恢复中国少年先锋队名称的决定。时任校长曹敬鹏十分注重少先队的建设,唐镇中心小学重建了中国少年先锋队组织,聘任学校辅导区教工团支部书记黄美英为大队辅导员。1983年,邓小平发出了"教育要面向现代化,面向世界,面向未来"的指示,团中央以邓小平的指示为指导,确立了少先队工作"面向新世纪,造就新主人"的目标。以此为契机,曹敬鹏校长提出了"以少先队教育为突破口,推进学校教育整体发展"的办学思路。唐镇中心小学少先队在第三代大队辅导员黄美英老师的带领下,在全体中队辅导员老师的积极参与下,开展了一系列丰富多彩、生动活泼的少先队活动。首创了农村小学"十分钟队会""十分钟信息交流舞台""十分钟主题会旋转小舞台""十分钟小服务台""十分钟小研究舞台"等"十分钟"自我教育活动,"自己的事情自己做、自己的同学自己帮、自己的活动自己搞、自己的进步自己争"的"四自"活动,"我驾火箭添星星"的"银河星座争先进"活动,以及"快乐小队组建"活动等。这些活动,开启了学生们的智慧、激发了学生们的学习兴趣、培养了学生们的集体主义精神、提高了学生们的自主能力、强健了学生们的体魄,培养孩子们成为全面发展的好学生。

1987年10月,川沙县第一次少先队活动现场会——"'我驾火箭添星星'银河星座争先进中队主题会",在新落成的唐镇中心小学举行,唐镇中心小学少先队被评为"规范化大队"。1988年10月,团市委为评选全国少先队"红旗大队",来到唐镇中心小学进行验收。一进校门,验收小组的领导们就被小鼓手们那阳光灿烂的笑容所吸引,那整齐划一红领巾队伍和铿锵有力的鼓乐声,赢得了客人们的阵阵掌声。少先队展示活动开始后,少先队员们五人一组、十人一堆,像花朵般的散落在校园里,开起了"十分钟队会"向来宾们展示小朋友们热烈有序、生动活泼、充满睿智的队会,受到来宾们的啧啧称赞。少先队大队部陈列室给客人们的印象十分深刻:那星星火炬队徽下"时刻准备着"的誓词是那么庄重醒目;挂满两侧墙上的历年少先队活动的照片上,那活泼可爱、充满幸福感的小脸,就像朵朵含苞欲放的花,让人赞叹;还有摆放在桌上一本本历年来少先队活动记录本,记录着十年来唐镇小学少先队走过的历程是多么不易。验收小组所有成员都感到十分惊讶,想不到一个交通较为闭塞的农村小学,把少先队活动搞得如此轰轰烈烈、生动活泼,更难能可贵的是默默无闻的常年坚持。当即就通过了验收,还决定把上海市的"全国红旗大队表彰会"放在唐镇中心小学召开。

1989年3月14日,"上海市少工委全委会暨全国红旗大队表彰会"在唐镇中心小学召开。从此唐镇中心小学闻名全市。1989年10月,中华人民共和国和中国少先队成立40周年,为迎接这两个光荣的节日,学校发起了"万花争艳迎双庆"的活动。天真烂漫的小朋友们,个个为自己起上"花名",如迎着春天开放的迎春花、笑傲冰霜的红梅花、一鸣惊人的爆米花、给人们送去温暖的棉花……一时间,整个校园成了花的海洋,可爱的小花,迎着春天的阳光,快乐幸福的争相绽放。到了1994年,唐镇中心小学的"小队优化组建活动""雏鹰争章活动"开展得非常活跃,3月31日,在唐镇中心小学举办了"浦东新区雏鹰争章活动现场会"。4月7日,长三角地区的"少年工作研讨会"也在唐镇中心小学召开,唐镇中心小学被命名为"全国少年工作基础理论专业委员会实验基地"。6月16日,"全国少年雏鹰行动现场观摩会"在唐镇中心小学举行,尔后,又举办了"全国雏鹰行动骨干培训班暨现场观摩会"等20余次大型成果观摩展示活动,唐镇中心小学成为全国少先队教育的一面旗帜,由此,唐镇中心小学名扬全国。香港童子军、新加坡的少年儿童工作专家、英国爱丁堡公爵奖励计划协会访问团等有关组织和人士也先后来学校进行观摩交流访问活动。唐镇中心小学沉浸在阳光明媚的春天里。

春天里的唐镇小学(学校于2002年改名为唐镇小学),"良好班队集体建设与评价"课题获上海市科研成果二等奖,"少先队技能奖章活动课程化实验"课题荣获"全国少先队教育科研成果一等奖"。学校还获得"全国红领巾示范学校""全国雏鹰大队"等国家级与市、区级荣誉称号30余项。曹敬鹏、黄美英老师分别荣获"全国一级星星火炬奖章""全国十佳少先队辅导员""上海市少先队名师"等光荣称号,还先后受到过中央和上海市领导的接见。辅导员队伍获得"上海市新长征突击队"称号,张金富、张云芳、李张仁等一批教师获得市、区优秀辅导员等荣誉称号。

  星星闪闪,火炬融融,唐镇小学三代少先队辅导员们,凭着他们对党和事业的忠诚,高高擎起星星火炬,引导一代代少儿学子,向着光明的未来前进,他们是令人崇敬的楷模。

(本文写于2007年)

唐镇幼儿园——小苗成长的乐园

●

幼儿,好像刚发芽破土的小苗,需要自然的阳光雨露,更需要人们倾注爱的呵护和培育,才能健康成长、开出美丽的花朵。幼儿园,就是这些小苗健康成长的乐园。

唐镇幼儿园,坐落在唐镇唐安路南新浜的南岸,原是一所镇办幼儿园——唐镇中心幼儿园,2003年6月,公办、镇办幼儿园二元并轨后,由浦东新区社会发展局接管,改名为唐镇幼儿园。走进唐镇幼儿园的大门,在大楼门口迎接你的是一位活泼可爱的卡通小朋友,好像在向你说:"让小朋友快乐成长。"进入校园大楼,便像走进了一个"通转走马楼"似的儿童世界。大楼中央是一个宽敞明亮的天井,在天井里建有浅水池和沙坑,小朋友们可在这里尽情享受戏水、玩沙的乐趣。大、中、小班的12间教室分布在三层中,宽敞明亮的教室布置得童趣十足、井然有序,孩子们聚精会神地玩着各种桌面玩具、大型组合玩具,活动区的小桌子、小椅子、小橱柜,洗手间的小马桶、小水盆,午睡室的小床、小被子等干净整洁。每个教室都配有电视、DVD播放机、钢琴,小朋友们一会儿沉浸在荧屏中的童话世界里,一会儿和着琴声唱起儿歌。园内配有多功能活动室、数学探索室、阅览室、创意室、音乐活动区、表演区、民间游戏区、棋类区等,建有班班共享的园内网络,小朋友们可在这里享受着各类室内活动的快乐。那铺满平坦洁净的塑胶草坪的户外活动场,虽然面积不大,但各种儿童游戏设施一应俱全。

一位老师向我们介绍说,园内还设有医疗保健室和疾病隔离室,配有专职的保健员,定期开展体检,对幼儿身体状况进行评价建档。每天坚持晨检,严格执行幼儿全日健康观察,防止疾病传播,从小培养幼儿良好的个人及公共卫生习惯。在大楼的后面是厨房,有专职的营养师,每天变着花样为小朋友们提供营养全面的可口午餐,营养员每月还有一个创新菜,每天自制糕饼和点心,保证小朋友能吃到色、香、味俱全,营养丰富的午餐和点心(课间餐)。另外,保健员针对不同幼儿的需要(如肥胖儿、贫血儿等)提供搭配合理的营养菜。

唐镇幼儿园的保育人员,结合幼儿园实际情况开展了"关于肥胖儿矫治的实践研究"的课题研究,通过调查问卷、观察、个案分析、谈话和经验总结等方法,来研究幼儿肥胖产生的直接原因和间接原因,以及家、园一致有效控制和降低幼儿肥胖率的方法。第一,幼儿园加强了对家长的宣传力度,让家长充分了解肥胖对孩子造成的身心危害;第二,提供保健咨询,开设保健课程,从而达到家、园一致的科学管理;第三,加强家长与教师的配合,共同矫治超重、肥胖幼儿;第四,加强饮食管理,对肥胖儿的饮食进行合理调控,既保证提供幼儿生长发育所需要的各种营养成分,又能控制脂肪及糖的供给量;第五,合理安排运动,为肥胖儿安排适宜的、一定运动量的活动,确保肥胖幼儿一天活动的平衡。经过一年的努力,唐镇幼儿园的肥胖儿比例从2006年的10%下降到2007年的5%。

安全、卫生工作是幼儿园各项工作的重中之重,有了安全的环境才能让家长放心。唐镇幼儿园成立了安全领导小组,明确分工,并在教职工、幼儿、家长等不同层面上,加强有关交通、消防、防盗、水电、饮食等安全项目的培训和安全知识的宣传,始终把安全工作放在首位。运用学习、游戏等活动,开展一系列安全主题活动,如向小朋友介绍交通规则,让他们学会认识交通标志,懂得"红灯停、绿灯行"等常识。在"5·12"汶川地震后,全园师生开展了地震自救演练活动。一系列的安全教育活动,使幼儿的安全意识、自我保护能力有了明显的提高,心理素质、应变能力明显加强。由于大家从思想上重视了安全工作,多年来,唐镇幼儿园没有发生过一起重大安全事故,确保了幼儿的安全。

幼儿的安全是幼儿园的生命,提高教育、教学质量是幼儿园发展的根本。唐镇幼儿园的教职工在奚洁园长的引领下,深入学习二期课改理念,以《幼儿园学前教育纲要》和《上海市学前教育课程指南》为指导,根据本园实际情况,确立了"主题背景下幼儿语言素养培养的研究"课题。教师们结合课题创设各种语言环境,并在区角内投放了相应的内容;各班都能根据幼儿的年龄特点和主题在各区域内添置幼儿的活动材料,有自制的图书、棋类、"拼拼讲讲"、"接龙"等15种以上的自制材料,使各区域巧妙地与主题和课题结合起来;各班还利用小舞台、创意室、阅览室、音乐区、表演区、民间游戏区等多种有利于幼儿语言素养培养的环境来发展幼儿的语言。幼儿园教室、走廊、楼道、自然角、过道、饲养角、种植地等本土文化的创设,幼儿园的绿化、特色玩具等,都是重要的教育资源,具有独特的教育功能,让孩子耳濡目染家乡的本土文化,培养了审美观,丰富了知识,拓展了视野,进而生起热爱家乡、建设家乡的情感。同时在环境中捕捉发展语言的因素,提升语言素养。更让教师对二期课改教育理念的认识与感悟得到了提升。

幼儿园以课题研究与集体教学活动的优化为突破口,从教师提问、目标制定以及回应策略中发现、诊断和寻找相关解决策略,通过"一课三研"的形式,展开了学习和实践探索活动。如现场观摩中班教研活动"集体教学活动的提问与回应的方式",学习有效提问的相关文章,解剖和分析教师教学案例,教师对教材、内容的理解和教学方法的探索、教育难点的突破等。还以各个层面的听课,分层的带教、骨干展示、随堂听课、考核、教研组探索实践活动的展示、活动的评比、观察与记录的学习与交流等措施,帮助教师转化理念,提高保教能力。在近年的业务考核中,在一次次的活动展示中,反映出教师普遍有了不同程度的提高,对二期课改理念的认识、实践活动的思考、实践方法的改变、教材内容的选择,以及活动中师生互动、环境的创设、活动的整合性等,都有很大的提高。

0—3岁亲子活动,是唐镇幼儿园面向社区开展的一项特色服务活动,深受周边居民的欢迎。唐镇镇政府出资为园内安装了幼儿游泳池,唐镇幼儿园建立了一支稳定的志愿者队伍,承担起唐镇地区的早教指导任务。唐镇幼儿园开展的早教活动,不仅有专业教师组织指导亲子游戏,还开设了家庭科学育儿咨询,帮助家长解决在家庭教育过程中碰到的困惑,充分发挥了教育资源的优势,赢得了家长的信任。唐镇幼儿园在浦东新区2006年"0—3岁婴幼儿早教指导服务"档案资料评比活动中,荣获二等奖;在浦东新区2006年"0—3岁婴幼儿早教指导环境材料"评比活动中,荣获三等奖。2009年3月,唐镇幼儿园被评为"上海市一级幼儿园"。

在唐镇地区,这样设施和保教理念现代化的公办幼儿园还有两所,一所是唐安路金爵公寓旁的金爵幼儿园,另一所是王港镇上丰路上的王港幼儿园。其中王港幼儿园落成于2008年,共有18个班级,于2009年获得"上海市一级幼儿园""浦东新区语言文字规范化示范学校"的称号,是全国幼儿棋类文化教育"十一五"重点课题研究先进单位。

综观如今唐镇地区的幼儿园,在园区环境、设施设备、保教理念、保教方法、饮食起居等方面,都与过去的幼儿园不可同日而语。在那艰苦奋斗的年代,幼儿园起初是不给小朋友提供午餐的,后来为了孩子们少受来回奔波之苦,提供了简单的午餐,也不讲究营养搭配,只求填饱肚子。园内也没有午睡室,只在教室内用木板搭成通铺将就。没有电视、没有钢琴、没有多少玩具,更没有什么多功能活动室、数学探索室、阅览室、创意室、音乐活动区、表演区、民间游戏区、棋类区等活动设施。某些村办幼儿园,更没有现代化的保教理念、保教方法,只不过比托儿所多了一些唱歌跳舞、躲猫猫的游戏。

改革开放、浦东大开发后,国民经济大发展,国家的经济实力、人民的生活水平都大幅度提高,唐镇幼儿园才有了今天的面貌。现在,唐镇幼儿园全园教职工以积极、进取的工作态度,为了实现共同的愿景,齐心协力、竭尽所能、不断奋进、勇创一流,努力把这所"小苗成长的乐园"办得更加美好。

(本文写于2007年,曹向东提供了部分资料)

老树侧畔万木春

●

　　怀着一种不能忘却的思念,带着一些未泯的童心,我去探访了我的母校唐镇中学。有了既是好友又是校友的曹向东老师做向导,找到了校门,我便走进了一个完全陌生的天地。那花园林木簇拥中的高楼,那林荫中掩映着大道小径和灰墙青瓦,显得绿意葱茏,多么宁静优美啊!母校,您变样了!从我毕业离校至今,算来已阔别了半个多世纪,我在变,母校也在变,我已变成一个古稀老朽,而母校却变得这么年轻,这么生机勃勃。

　　我徜徉在母校的怀抱里,追寻我曾经的记忆。我记得,母校的前身叫达义中学,是一所教会学校,收归公立后改名为合庆中学,曾以师资力量雄厚、教学设施完备、校规严格、学风严谨、教学质量一流著称,我也为能考上这所学校而感到庆幸与骄傲。我记得,顺着学校北面的围墙,有一排木结构的楼房,楼上中间第四间是我住过的宿舍,我曾在能踩踏出鼓点声的楼板上留下我的足迹,我曾在这里做过无数次的梦;楼下有一间是音乐室,我曾经在钢琴旁练唱,唱着"太阳出来啰喂!喜洋洋啰啷啰!""让我们荡起双桨"……还有一间是兴趣小组的活动室,我曾在这里和同学们一起制作舰船和飞机的模型。如今这已有百年历史的木结构二层楼,已变成一排三层混合结构的教学大楼。楼房前小操场的西侧,原有一间用作食堂兼礼堂的油毡屋面竹制大棚屋,在那艰苦奋斗的年代,不管春夏秋冬,它一直庇护着我们,每当周末晚会时,在这棚屋礼堂的舞台上,同学们自编自演着精彩的节目,台下欢声笑语一片。我也曾一展歌喉,赢得同学们的阵阵掌声,回想起来,一切是那么的亲切与温馨。如今,这兼做食堂的礼堂,已更换了它的容妆,变得像小伙儿一样的伟岸。哦!那条明丽清澈的小河依旧荡漾着她的笑容,只是那河面上的木桥已变为宽阔的大道,我曾在她身旁嬉戏,我曾在河面上试航我的舰船模型,如今她还在向我狡黠地闪烁着眼睛似的波纹。

我努力去寻找,寻找当年我老师亲手栽下的盛开着洁白芬芳花朵的栀子花,还有那盛开着如热血般鲜红花朵的玫瑰花。曹老师对我说不用找了,早已找不到了。我努力去寻找,寻找我曾经的课堂,依稀记得那是两排纵横相接的平房,如今已变为一片球场。踟蹰在这里,真使我有些怅然若失。曹老师笑着对我说:"'多情应笑你,沉湎怀旧',当年老师们栽下有灵魂的花,早已芳菲满园了,你就是洁白芬芳的栀子花,我是那鲜红的玫瑰花,老师们培育了无数的花,正开放在唐镇的大地上,点缀着唐镇,你不觉得吗?"还对我说:"俗话说'旧的不去,新的不来',你看,那两幢挺拔而起如城堡一样气势恢宏的教学大楼,你不觉得是'老树侧畔万木春'的写照吗?"曹老师的调侃,使我从怀旧的思绪中惊醒。崭新的大楼旁,那几乎隐没在树丛中的我毕业前所建造的那排平房,显得有些苍老,这就是过去和现在的真实写照。是啊,我只顾缅怀过去,却无视于精彩的现在。确实是"多情应笑我,沉湎怀旧"了!

曹老师向我讲述了我毕业后的母校往事:1957年,"撤区并乡"后,这里成为虹桥乡,因此校名由合庆中学改为"虹桥中学"。学校开始设高中部,同时,凭着师资力量的优势,附设了川沙县师范学校,两年后随着布局的调整,川沙县师范学校独立办学,迁往了川沙东门外。在"文革"前的数年中,母校毕业的学生的大学录取率是非常高的,那是母校的荣耀时期。1965年,为了让王港地区的学生能就近上学,母校就在那里开设了王港分校。曹老师自上海师范大学毕业后回母校任教,也被安排在分校工作。1970年,母校改名为"唐镇中学"后,地处虹桥的王港分校与母校的关系分离,改名为"虹桥中学",到1980年又改名为"王港中学"。王港中学的校舍几经改造扩建,师资力量逐步充实,到了改革开放后,为适应现代教学的要求,易地兴建了一所现代化的新校园。如今,王港中学与孕育她的唐镇中学,是唐镇地区两所旗鼓相当的中学。王港中学今日的成就,也有我母校的功劳。

我们在母校遇见了校史办负责人翁正范老师,他非常热情地带我们参观学校的设施,在实验大楼,我们参观了化学实验室、生物实验室、物理实验室,那一排排实验操作台排列有序,实验器械、仪器、试剂齐全。每个学生在上实验课时,都有亲手实验的机会,我们的学生时代就没有这样的条件。实验大楼的整个四楼是计算机房,学生们可以在这里学习电脑操作。我们在教学大楼看到明亮宽敞的教室,每个教室都挂有投影仪。翁老师得意地对我们说,现在每个老师都配有电脑,进行电脑备课、电子化教学,告别了"吃粉笔灰"的时代。他指着一幢高大的建筑说:"这是阶梯教室,是学校举行集会、讲座的场所,学生们也常在这里举行文艺演出。"翁老师告诉我,这些大楼与设施,都是在改革开放及浦东开发开放后才有的。

翁老师说,随着社会环境的变迁,唐镇中学的教师队伍也在发生变化。学校以"焕发教师努力拼搏的动力、调动教师教学的积极性、缓解教师的心理压力"作为实现学校健康发展的重要内容。学校行政把"服务化"作为管理的出发点,把"人性化"作为管理的方向,把"制度化"作为管理的保障。干部做到普访教师家庭,倾听教师心声,送上一片赤诚之心,做到急教师之所急,想教师之所想;教师则做到深入学生中间,民主平等的对待学生,尊重学生的个性和人格尊严。全校上下各方面的努力,塑造了一个和谐温馨的教学氛围。

翁老师说,近年来,学校坚持"为学生的存在而发展,为学生的发展而求索"的办学理念和"让每一个学生都拥有成功的机会,让每一个教师都拥有创新的舞台,让每一个家庭都拥有回报的欢乐"的办学宗旨,弘扬"奉献、严整、奋发、进取"八字校风、"清、实、活、爱"四字教风和"勤学、多思、求实、自强"八字学风,不断深化教育教学改革,全面推进素质教育,与时俱进,走可持续发展的办学之路。学校先后被评为上海市优秀家长学校、浦东新区中学生行为规范三星级示范学校、区法制教育示范学校、区关心下一代工作先进集体、区综合治理先进集体、区"三五"普法先进集体、区心理健康教育合格学校、区语言文字工作达标学校、区"科技教育特色学校"、德育实验学校(中国教育协会中学德育专业委员会颁发)等。学校在教育教学管理、学校中层干部的培养、骨干教师(青年教师)的培养、课程资源、新课程改革、教育科研等方面向市区学校进行广泛的学习交流,以时不我待、奋发有为的精神状态,探索新体制、拓展新空间、实现新跨越,坚定不移地推进教育改革和发展,努力开创农村教育工作的新局面。

翁老师告诉我们,母校正在南曹路北侧齐爱路西侧,建设一所占地面积 31 245.6 平方米,总建筑面积 15 441 平方米的新校园。整个建筑遵循环保、节能、低碳、人性化的理念。一座环境优美、布局合理、设施设备齐全的现代化新校园即将落成。

巡礼母校,我感到现在的学弟学妹们是幸福的。母校的变化,使我想起一位伟人说过的一句话:"发展是硬道理",我今天真正体会到这句话的意义。有了改革开放,才有了今天母校的蓬勃发展。母校,我爱你,我爱你的昨天,我更爱你的今天。

(本文写于 2007 年)

那高楼上的红心十字徽标

●

走在曹家沟的创新路桥上,抬头向东望去,那高楼上用四颗红心围绕着白十字组成的徽标神圣而亲切。这红心十字徽标,是医疗机构的标志,是医疗卫生工作的符号,是驱病魔保健康的图腾。在这红心十字徽标下,就是唐镇社区卫生服务中心。

唐镇社区卫生服务中心的前身,是创办于1961年秋的唐镇卫生院,假座唐镇村镇南队的曹家祠堂,设有中医、西医、产科、化验、防保等科室,有中医师3人、西医师6人、助产士1人、化验员1人、管理员1人。初创时的唐镇卫生院,可以说是白手起家,简单的诊疗器具、诊台、药架等设备,有的是以前联合诊所时的用具,有的是医生们自家的物件。在那艰苦奋斗的年代,虽然集体经济水平低下,但政府与当时的公社,对卫生院在经费上作出了力所能及的支持,除添置病床以及简单的化验设备外,还在卫生防疫工作的经费上做些资助。医务人员们在这艰苦的条件下，不但做好门诊、出诊的医治工作，还经常抽调人员背着药箱，走村串户，在村头、在田头，宣传卫生知识，忙碌着一系列除害灭病、卫生防疫工作。他们任劳任怨，常年坚守在救死扶伤、防病治病的岗位上。唐镇卫生院虽然简陋，但在那一穷二白的年代，对于缺医少药的农村地区来说，无疑是百姓健康的保护神。

改革开放，尤其是浦东开发开放后，集体经济不断壮大。1984年，唐镇乡政府出资，对唐镇卫生院进行了扩建与翻建，扩建后的建筑面积达1 505平方米，科室与病房面积1 388平方米，绿化面积220平方米。1994年，唐镇乡政府对医疗卫生事业加大了投入，在卫生院北面扩建了住院部大楼以及辅助用房。再次扩建后的卫生院占地面积3 500平方米，总建筑面积5 386平方米，科室和病房面积3 295平方米，绿化面积1 100平方米。卫生院的南大楼是门诊部，急诊室、内科、外科、儿科、眼科、中医科、口腔科、放射科、挂号室、化验室、注射室、中药房、西药房、专家门诊等科室分布在底楼；妇产科、儿保科、防保组、B超室、胃镜室、心电图室、会议室等在二楼。住院部安排在北大楼的一、二楼，有标准化病床60张，三楼是行政办公室。唐镇卫生院的医疗设备的总值，从开办当时的250元，增加到1982年的25 000元，再到2000年的642 480元，真是天壤之别。新的唐镇卫生院各项医疗设备齐全，X光机、B超机、临床用心电图机、心电监护仪、心电采集系统、牙科X光机、牙科治疗仪、二氧化碳激光治疗仪、尿十项分析仪、血样记数仪、呼吸康复仪、电动洗胃机、纤维胃镜、内镜图像显示仪、综合理疗床，等等，与以前不能同日而语。

随着医疗卫生条件的改善,唐镇卫生院病人的收治量逐年增加,业务收入也不断增长,1994年12月被卫生部认定为"一级甲等医院"。之后,在全体职工的共同努力下,获得了多项荣誉:1995年5月,唐镇卫生院团支部获"上海市新长征突击队"称号;1997、1998年,唐镇卫生院被浦东新区社会发展局连续评为"创建文明单位先进集体";1998年,病房组被浦东新区社会发展局评为"三八红旗集体";1999年,病房组被浦东新区妇联评为"浦东新区巾帼文明岗""十佳文明窗口";1999年、2000年,唐镇卫生院被浦东新区社会发展局连续评为"文明单位"、"先进集体";2000年,唐镇卫生院团支部被评为浦东新区"优秀团支部"和"文明示范岗"。

2000年6月,唐镇、王港镇"撤二建一",成立了现在的唐镇。6年后,唐镇卫生院更名为"唐镇社区卫生服务中心"。所有制性质从大集体改变为全民所有制,直接隶属浦东新区社会发展局领导,其服务功能从以往医疗为主,转变为"预防、宣传、医疗、康复、保健、计划生育技术指导"六位一体化。中心下设社区服务站1个、全科团队5个,以老、幼、妇、残为重点,开展健康咨询、健康教育、慢性病监测、传染病访视、建立家庭病床等社区卫生服务进社区、进家庭工作。

2005年,唐镇人民政府与浦东新区社会发展局,共同出资对唐镇社区卫生服务中心进行了改扩建,工程于2006年9月完成,改扩建后的医院,环境更为宽敞整洁,流程更为合理,增设了全科门诊室、门诊补液室。2009年9月1日,还建成了百余平方米的计划免疫工作场所,使婴幼儿免疫接种有了一个独立、安全、有效的正规场所,还添置了全自动生化仪、彩超机、三分类血球计数仪、自动温热间歇牵引床、口腔综合治疗仪、监护一体机、半导体激光治疗仪、监护仪等设备。各科室配有全院联网的电脑,实行无纸化处方。这些功能齐全的设备,让常见病、多发病的治疗及各科急诊抢救,有了硬件上的保证。病房大楼宽敞明亮,为病人提供舒适、温馨的医疗环境。

唐镇社区卫生服务中心现有在编职工52名,90%以上的医务人员具有大专以上学历。唐镇社区卫生服务中心的医务人员,怀揣着对病人的爱心、耐心、细心、责任心,兢兢业业,在认真做好医疗工作的同时还组建医疗服务队,定期进入社区,开展卫生宣传、疾病预防、康复指导、保健咨询、计划生育技术指导等工作。针对一些患者高血压、糖尿病、心血管疾病等的慢性病患者,建立防治网络,进行不定期的家访。开创了"医生围着病人转"的新局面。曾获得2007—2009年度浦东新区"先进生产(工作)者"称号的解灵江医生,就是唐镇社区卫生服务中心医务人员的杰出代表。唐镇社区卫生服务中心遵循以人为本、实践科学发展观的理念,让高楼上的红心十字徽标更为鲜亮。

(本文写于2007年,系与曹向东先生合作编写)

医疗保障惠农家

●

疾病是折磨人们身心的恶魔,染上疾病,就意味着要破财,真所谓"救命车一响,一只猪猡白养"。过去,遇上重病,就是殷实人家也会倾家荡产。对于处在贫困线上的农民来说,只能"小病熬、大病躺,急病见阎王"。

进入20世纪60年代,在毛泽东"把医疗卫生工作的重点放到农村去"的号召下,上海市区的各大医院组织了巡回医疗工作队,下乡为农服务。唐镇地区也来了巡回医疗工作队,为农民送医送药、宣传卫生防病知识,还为各村(那时称大队)培训保健员(亦称"卫生员")。通过3至6个月的医疗卫生知识的培训,保健员们都能达到处理小伤小病的水平。这些保健员,就是"赤脚医生",在各自大队所建立的卫生室,从事本大队的防病治病工作。这一系列为农服务的医疗卫生工作,虽然让农村缺医少药的面貌有了些改观,但是由于农民没有医疗保障,遇上大病、重病,对于沉重的医疗费负担还是不堪承受。

为了让农民获得基本医疗保障,我国创造了一种特殊的医疗保障制度——合作医疗。合作医疗是依靠集体的经济力量,互助共济的医疗保障制度。1969年5月,唐镇地区一些集体经济力量较强的大队,如机口、大众等大队率先试行合作医疗,取得了一定经验后,于1970年在唐镇地区全面推行,由赤脚医生主持医务工作。合作医疗初创时,社员个人负担2元,生产队负担2元,合计4元作为医疗基金。集体部分由大队公益金支出,统一使用。到年终如有结余,留作后续使用;如果透支,由大队公益金补贴。虽然当时大队的集体经济力量有限,但在一定程度上减轻了农家的因病支出。合作医疗制度,得到了唐镇地区广大农民的积极拥护,大家纷纷要求参加。

1979年起,实行社、队联办合作医疗,制定章程。制度规定,在本公社范围内的农业户口人员,自愿参加者交纳基金,享受合作医疗待遇。参加人员看病实行三级就诊,在大队卫生室及公社卫生院就诊的,医药费回大队报销,在县以上医院就诊的,医药费由公社报销,具体按农村合作医疗章程规定施行。

改革开放后,国民经济得到飞速发展,集体经济不断壮大,农民的个人收入不断提高,物价指数连年上涨,合作医疗的参股基金及医药费报销比例也相应多次调整。报销医药费的最高限额,从数千元调整到数万元。改革开放后,农民的从业取向也发生了变化,有的成为乡镇企事业单位的职工,有的成为个体工商户,有的成为私营企业主。合作医疗也为这些群体及其子女开启了医疗保障之门。从而使他们降低了因病致贫、因病返贫的风险。

在"村办村管"的合作医疗实施时期，医疗费的补偿，是依靠村的集体经济的力量，如果有些村的经济力量薄弱，就会出现合作医疗基金运转不畅的局面，1985年后，川沙县的农村合作医疗制度曾一度难以落实。1990年，当时的川沙县有关部门作了专题调查后，将巩固农村合作医疗保障制度列入县政府实事工程。1991年5月，唐镇地区当时的王港乡、唐镇乡相继成立了合作医疗管理委员会和合作医疗管理站，并制定了《合作医疗管理办法》和《乡、村、企业联办合作医疗章程》，将合作医疗形式由原来的"村办村管"改为"乡、村、企业联办"，个人、集体、政府三级负担，统筹管理。1998年3月，为了进一步巩固和完善农村合作医疗制度，保障人民的身体健康，防止因病致贫，根据浦东新区管委会(1998)18号文件批转的《浦东新区改革和完善农村合作医疗制度实施细则》的精神，唐镇地区在完善农村合作医疗制度的基础上，决定设立专项账户，建立大病扶助基金。1998年至2000年，大病扶助基金共为大病患者支付医疗费86万多元，这三年中，共有114人次受益，使大病患者不但能得到及时的医治，而且避免了因病致贫的悲剧。

随着我国经济与社会的不断发展，越来越多的人开始认识到，"三农"问题是关系党和国家全局的根本问题。不解决好农民的医疗保障问题，就无法实现全面建设小康社会的目标，也谈不上现代化社会的完全建立。大量的理论研究和实践经验也已表明，在农村建立新型合作医疗制度势在必行。2003年起，全国范围内开始实行新型合作医疗制度,这一制度是由政府主导,农民自愿参加,并由政府、集体和个人多方筹资,实行社会统筹与个人账户相结合,以大病统筹为主的模式。这项制度的建立,在帮助农民抵御重大疾病风险,减轻农民的疾病经济负担,缓解农民因病致贫、因病返贫方面发挥了重要的作用。2008年、2009年唐镇的新型合作医疗大病统筹的情况为:每年医药费发生总额在80余万元,可报销总额在60余万元,实际总额为40余万元,实际补偿比例在65%左右,两年有58人次得益。如新虹村的一位尿毒症患者,连续两年的医疗费用去97 000多元,因为参加了新型合作医疗,报销医疗费60 000元,自己实际支出医疗费只有37 000多元;还有机口村的一位肾移植患者,这两年的医疗费总支出达80 000多元,报销医疗费53 000多元,自己实际支出医疗费只有29 000多元。另外,村委会和政府民政部门还对大病、重病患者给予特别医疗困难补助。不难想象,如果没有政府的关心,没有新的农村合作医疗制度,这些患大病、重病的农家,将陷入何等困苦的境地。

新型农村合作医疗制度,与旧合作医疗制度相比,统筹层次高,管理体制健全,各级财政补贴到位,并逐渐形成了一体化的管理和服务体系。新型合作医疗制度以浦东新区为统筹单位,各村、镇的缴费都要交由新区经办机构统一管理,并按照统一模式建立了新区协调委员会、新区经办机构和监督机构,实行缴费、筹款、核算、管理和服务的一体化。一体化的管理和服务实现了新型农村合作医疗制度运行的科学化和规范化,有效地规避了制度运行的道德风险问题,提高了制度的安全性和效率。

2005年前,全镇每年参加合作医疗保障的人数有3万余人,由于唐镇的大开发,因征地而养劳、吸劳的人员参加了小城镇医保和社保,所以参加农村合作医疗的人数逐年减少。从2009年的统计数字来看,参加新合作医疗的人数为2 726人。2007年,根据新农村合作医疗制度规定,参保者每年应缴纳合作医疗基金为180元,但镇政府只要求参保者缴纳160元,另外20元由镇政府承担体现了政府对农民的关爱。

2009年的统计资料表明,当年参加新合作医疗的个人缴纳基金总额仅为59.6万元,而政府注入基金达到了150万元,新区政府补贴基金为58.2万元,再加上其他渠道筹集款和历年积余基金,全年合作医疗基金总额为305.1万元,个人缴纳部分只占到总额的20%不到。2009年全年共报销44 008人次,总支出达到300万元,如果我们把这笔总支出分摊到每个参保者来算,每人报销了800多元,而个人缴纳的基金仅有160元。从这些数据可以看出,参加新农村合作医疗所享受的好处是极大的。这些简单的数据更体现了党和政府对农民的关爱。生长在这个伟大时代的唐镇农民,都从心底产生了对党和政府的无限感激,尤其是现今60岁以上的老人,他们的体会更为深刻,新农村合作医疗制度为他们安度晚年提供了强有力的保障。

(本文写于2007年,系与曹向东先生合作编写)

三、钱万隆酱园的故事

- 钱万隆酱园的始创
- 钱子荫与钱万隆
- 钱万隆功臣袁耕堂
- 钱万隆第三代传人钱安伯
- 三代元老吴伯鸿
- 钱显平时期的钱万隆酱园
- 中华人民共和国成立后的钱万隆
- 钱万隆的"官酱园"招牌
- 酱油酿造的溯源
- 历史上酱油酿造的流派
- 百年酱香钱万隆
- 钱万隆,舌尖上的"非遗"去哪了?

钱万隆酱园的始创

●

"钱万隆酱园"创始于清光绪六年(1880年),经几代人富有创意的悉心经营,传承至今已有一百三十余年,是浦东地区唯一的一个"中华老字号"企业。要说起"钱万隆酱园"的始创,就要从两位创始人钱楠和张老五说起。

钱楠,字锦南,天主教徒,张江栅总董,在教会和官府都颇有影响力(他的事迹具体可见《钱楠与钱家天主堂》)。在创办"钱万隆酱园"之前,1867年他在张江栅大街中段向北开辟了新街,并在新街上距大街百步之地开设"钱万泰米布庄",经营粮食、布匹与杂货,奠定了生财的基业。

张老五,浦东金家巷人(光绪末年张老五的儿子在附近建造了一所豪华楼宅后,这地方就被称作"张家楼"),出身于一个虔诚信奉天主教的家庭。金家巷与附近的汤家巷是那时有名的天主教教徒村。金家巷小教堂是浦东最早的一座天主教教堂[①]，在董家渡大教堂未建成前，金家巷小教堂一直是天主教传教士在上海的根据地。钱楠和张老五是在这座教堂做弥撒时认识的教友。钱楠在跟随卜亦奥、费都罗传教、赈灾时，张老五与他父亲是专门为他们摇船的。张老五的年龄比钱楠小几岁，虽然后来两人社会地位不同，但交往一直亲密如兄弟。

同治三年后，太平天国亡，江南社会趋于稳定，在上海的外国侨民逐渐增多。张老五由钱楠通过教会的帮助下，在上海城内开了爿"牛肉庄"。在那个时候，牛肉是不值钱的，因为虔诚信佛的人是不吃牛肉的，而上海地区的居民大都是信佛的，吃牛肉的人也就少，而且牛肉的售价仅是猪肉的一半，所以街坊邻居就笑他："老五什么生意不好做偏要做卖牛肉的'独行生意?'这个'独行生意'做'黄'掉么张老五要变'黄老五'哉!"但张老五心里有数，他这牛肉是专门卖给教内"洋人同伴"食用的，哪能愁卖? 这些"洋伴"不谙中国的行情，张老五把牛肉卖了个猪肉价，不多几年工夫，张老五就成了个大富翁。他"黄老五"没做成，"牛肉老五"的名气倒响起来了。这以后人们把不熟悉行情、不内行、不精明的人都鄙称作"洋伴"，从此在沪语中也多了个"洋伴"的词。

张老五做了十多年的牛肉生意，钱是赚了不少，儿子们都念上了书，但总觉得这卖牛肉的营生，不是一个体面的书生能继承的，所以他一心想开办一个体面的传代之业。他觉得开办酱园倒是个不错的主意，那如花园般的作坊，那像衙门似的石库门建筑的店堂,黑漆墙门两边的白粉墙上,书写着六尺多大的"酱"字,"官酱园"的金字招牌店堂上一挂,好生气派呀!但是在那时要开办一个酱园不是随便能开的,因为生产酱油的主要原料是盐,而盐的经营自西汉起是朝廷严格控制的行业。要开办酱园,首先要得到"户部盐漕部院"及"江浙盐运使司"[②]衙门的许可,颁发"官酱园"的招牌及"盐帖"(相当于现在的营业执照、税务许可证),方可营业。然后按"盐帖"核准的正、副缸数量(生产规模)核发"盐引",有了"盐引"才可直接从"盐业公堂"采购低于市场价的生产原料盐,降低生产成本,才能获得可观的利润。所以要从事"官酱园"这个行业,即使是腰缠万贯,没有功名及特殊的官场背景,是无法实现的。张老五想想自己小时候只读过几年天主教的经书,要捐个"监生"的功名是不可能的,儿子虽有些文笔,但尚未成年。这时候张老五想到了穿"黄马褂"的老友钱楠,何不与他商议合伙开办。主意已定,随即准备了些"下陈"[③]起个大早,坐着蓝布轿子直往浦东钱府而去。钱楠听家人通报说老五兄弟来访,急忙出门迎接,拱手请进客堂坐定,佣人奉上香茗,双方寒暄了一番,张老五就如此这般地直述此番来意,钱楠认真地听完张老五的叙述,感慨地说道:"俗话说'水往低处流、人往高处走'老五兄弟有如此雄心,愚兄深感钦佩。兄弟要开办酱园,官场之事愚兄定当鼎力相助,但本钿……""锦南兄!"未等钱楠的话说完,张老五急忙把他的话打断道:"锦南兄,兄弟只需求你做个出面东家,所有本钿及打点的小用全由兄弟承担,开个'万'字号酱园的本钿我还是有的,红利嘛,我们兄弟俩'二一添作五'。"钱楠笑道:"哎呀!我一个铜板的本钿不出,还'二一添作五',这不是要坏我名节吗!我有那么黑心吗?'无功不受禄',红利么就给一成够啦!""啊呀!锦南兄,兄弟能有今天发迹,多亏兄长帮衬,你我之间还说什么。""唉!'君子爱财,取之有道',况且现在八字还没一撇,谈什么分利?"最后商定,以钱楠的名义向衙门申请办理"盐帖"及"官酱园"招牌,一切官场之事由钱楠办理。因投资在万圆以上,为"万"字号的商号,字号取名为"钱万隆酱园"。酒饭过后,张老五带着满心欢喜与钱楠作别回府,马上着手酱园的筹建。

在旧时代传统造酱一年只能生产一次,春季准备,黄梅时节制酱曲,伏天造酱醅,秋季翻晒,冬季成酱,不像现在用科学方法全年可连续生产。因为生产酱油须用陈酱榨出酱油后,再晒上一个伏天才能出售,生产周期要两年之久,所以三年后,光绪六年(1880年),一个前店后坊式的"钱万隆酱园"在"洋泾浜"南"杉木角桥"东(也就是现在的延安东路南、河南南路东的金陵东路一带)正式开张。几年后,因这一带建设变动,钱万隆酱园搬迁至南市磨坊街(弄)。当第一批酱油生产出来后,张老五趁给洋人家里及洋人的西餐馆送牛肉的时候,顺带把酱油送给洋人品尝。他知道洋人吃牛排、煎鸡蛋、煮鸡蛋的时候都是蘸着细盐吃的,现在他要让他们改变这种吃法。他在煎鸡蛋上淋上些酱油送给洋人品尝,洋人尝了一口惊喜地问道:"这是什么东西?""这是钱万隆酱油,味道如何?"张老五答道。洋人跷起大拇指用了一句中国成语夸道:"'妙不可言',钱万隆酱油!"从此"钱万隆酱油"成了沪上洋人餐桌上不可缺少的佐餐料;"妙不可言,钱万隆酱油"的赞语在当时传遍沪上。钱万隆的生意从此也蒸蒸日上。

注释：

① 金家巷教堂，由徐光启、利马窦之挚友张景桥（1569—1644）建于明万历末年。张景桥为张老五的先祖，是天主教沪上开教之功臣。

② 上海的浦东地区在唐、宋至清初，有盐场，当时崇明称为上沙，浦东地区称为下沙，所以该盐场称下沙盐场。史志记载宋代有"两浙盐运使司"衙门设在现在的下沙镇，至元代迁至南汇石笋里，由此石笋里称为新场镇。明洪武年设"都转盐运使司"于杭州，"松江分司"设于新场。

③ 下陈，为沪语，意思为礼品。

钱子荫与钱万隆

●

钱楠之子钱子荫(1860—1926),在童年时读了私塾后也就读于"徐汇公学"。成年后,父亲就花钱给他捐了个"监生"的功名。遵父命,也参与钱万隆酱园的管理,主要是上衙门办些"盐引"、完盐税等事务。他忙完了钱万隆的事,还要帮助父亲照顾"钱万泰"的生意。他在上海这个商业大都市历练了十余年,积累了些生意经。他深知生产酱油本轻利厚的行当。酱油是大宗消耗品,是"柴米油盐酱醋茶"开门七件事之一。无论在饭店酒肆,还是在寻常百姓家的厨房,酱油都是不可少的调味品和佐餐料。他心中思量:老五叔真是见识不凡,选择了这么一个稳当的行业。酱油不容易变质,不怕贼偷不怕强盗抢,管理自有"阿大先生"(经理)在,东家只管收收账。不像自家的米布庄,担心米霉虫蛀布泛黄,夜来提防贼偷强盗抢,还要被人骂"米蛀虫"。

后来,他发现地处浦东腹地、素有"汇北重镇"之称的老家"张江栅",东至龚路、小湾、川沙城,南至横沔、六灶、祝家桥,西至北蔡、六里、龙王庙,北至洋泾、高庙、高家行,这方圆数十里地的大小集镇当时还无一家酱园。这些地方经销的酱油都是周浦、高桥的几家酱园提供的,而且价格贵。加上米布庄的生意也不怎么好,又不稳当,改行办酱园的想法开始萌生。后来"钱万泰"不太平,遭到了几次强盗抢,损失惨重,这更增强了他改行的决心。他就把这个想法与父亲商议,钱楠听了儿子的建议,沉思了片刻说道:"你说的话也有些道理,但开酱园没有像开米店、布店那么简单,首先是本钿大,总要万把银洋之数,现在我们家家底微薄,这么一大笔钱哪里去弄?再有是人才,内行的酱作师傅哪里去聘?所以还是要遵循择业古训'熟的不要放,生的不要挡',不要冒险了。"钱子荫听了父亲的这番话,很不服气,说道:"当年老五叔,一个不熟悉酱作行业的卖牛肉人,照样把钱万隆经营得十分兴旺。我很钦佩也很眼热[①],改行之念早已萌生,我在钱万隆办事多年,对酱作行业的'过门经'早已留意,内行的'阿大先生'可以叫耕堂来担任,耕堂现在的本事蛮大了。至于本钿么,我想和老五叔通融一下,我看也不成问题。只要您老能撑我把腰,出面与老五叔商酌商酌,所有事情我会办妥,请您放心。"钱楠听了儿子的解释,觉得儿子毕竟是年近"不惑之年"的人了,做事一向稳当,顾虑也就打消了。就马上给张老五修书一封,内容无非是说"米庄生意不景气,犬儿想跟你学步,改行开个酱园,但是'头寸'[②]有点紧,想与你老弟商酌"云云。钱子荫就带着父亲的书信去拜见张老五,张老五看完书信,思忖：锦南老兄一向是个要面子的人，此番必是出于无奈才有求于我，锦南兄是我的大恩人，知恩图报此乃君子之道，我必须成全他的愿望。于是就对钱子荫说："老侄也想在浦东开酱园？好！有志气，爷叔一定要帮你忙的，这钱万隆是我与你们钱家合伙开的，当时我答应送给令尊五成股份，令尊一直不要，现在你需要'头寸'，我就把这五成股份拆给你，按当时投资一万二千银洋算，我给你六千银洋，你先筹办起来，如果不够我再给你，请不要推却，让我了却报答令尊大恩的心愿。'钱万隆'的字号你拿回去，我这里的字号烦劳令尊帮我到衙门改成'万隆酱园'，'官酱园'的招牌烦请令尊另外办一个，这个招牌留下我用，你看如何？"钱子荫听后激动得伏地就拜，张老五急忙扶起说道："请起，请起，要折煞我哉！"钱子荫起身后说道："万分感谢世叔大人如此慷慨，小侄没齿难忘，不过我还想问世叔要一个人，未知可否？""我们两家还分什么彼此，要谁？你说。""我想要阿堂帮我忙。""要阿堂？好！阿堂本是你们钱家的亲戚，用人是应该用自家人，不会拆烂污（方言：指做事不负责任），应该让他跟你去！"钱子荫满心欢喜地谢过张老五后，找阿堂去了。

  阿堂名叫袁耕堂，是钱子荫堂外甥的儿子，年纪比钱子荫小不到十岁，倒要叫钱子荫娘舅公公。钱子荫找到阿堂后就笑着问："还记得我在你'满师酒'后对你说过的话吗？""记得！娘舅公公说如果在浦东再开一个酱园的话，娘舅公公一定聘我做阿大先生（经理）。""现在我这个愿望实现了，我正式聘请你做浦东钱万隆的阿大先生，老五叔也同意了。""谢谢娘舅公公的抬爱，使我有了施展自己能力的机会，耕堂一定尽心尽力，不负娘舅公公的重托。"

光绪二十一年(1895年)春,钱子荫拿了张老五给的六千银洋,与袁耕堂一起回到张江栅,他把酱园的筹建、酱作师傅选聘、职工的招收与今后的经营全权委托袁耕堂。袁耕堂马上着手生产园区的建设,在"钱万泰"对面,东临北街、南至典当、北靠官路,这十余亩地是钱楠早在开辟新街时买下的,为的是不希望别人再在自己对面开店竞争。现在这里作为酱园的生产园区,四周以高墙围护,园区的大门与"钱万泰"店面的大门临街相对。北半区建有数十间作坊,南半区为晒场,安放了200余口晒酱用的"七石缸"。当时衙门核准的生产规模是正缸50口,副缸为正缸的两倍即100口,还有备缸100口,一共250口。

光绪二十三年(1897年),"钱万泰米布庄"换上了"钱万隆酱园"的商号招牌,张江栅的钱万隆酱园正式开张,并取得"户部盐漕部院""江南盐运使司"颁发的"官酱园"金字招牌。

钱万隆酱园在沪上经营了十余年,"妙不可言,钱万隆酱油"的赞语,浦东的民众也有所耳闻。如今钱万隆酱园开到家门口了,所以开张那天,张江栅地区的民众都前来竞相购买,一尝究竟。在张江栅镇上有一个名叫吴晋云的秀才,也前来贺喜。钱楠、钱子荫父子俩把他迎进店堂落座,相互恭维了一番后,吴晋云道:"钱万隆酱油的美名鄙人早有耳闻,可惜未曾品味,今日可否让在下一尝?"在一旁的袁耕堂马上盛了一小碟奉上,吴晋云从长衫的口袋里摸出一只荷叶包,慢条斯理地把它打开,拿出了一根油条,蘸一下酱油吃一口,嘴巴啧啧几下,再蘸一下酱油吃一口,嘴巴啧啧几下,直到把那根油条吃完,众人瞪着眼睛急切地等着他的下文,他还是慢条斯理地掏出手绢擦了擦嘴和手,起身对钱楠拱了拱手道:"锦南兄!'妙不可言,钱万隆酱油',这句称赞之语是名不虚传啊!今天我就是冲着这句话来品尝的。现在我要添两句,'香浓味鲜,犹如琼浆玉液也'!"秀才先生的现身夸奖,乐得钱楠父子俩嘴也合不拢。钱万隆的酱油,以香浓、味鲜、价廉的优势,加上"官酱园"招牌和"诚信求精"的信用,迅速在张江栅及周遍地区的民众中有了良好的口碑,生意很是兴隆。尤其是在夏天腌酱瓜的时节,前来买豆瓣酱的民众络绎不断,几年下来盈利颇丰。这时候袁耕堂在钱子荫的支持下,开始陆续完善酱园的设施建设,作场间扩展到20多间,草屋也改成了瓦屋。榨床增加到3台,酱缸增加到300多口。为便于船运及汲水,开凿了30米左右长的河道,进入生产区,河道连接北街东侧的马家浜。为对百姓的出行负责,又在北街的河道上建平石桥一座。店堂的大门与生产园区的大门之间,上面建了跨街廊棚相互连接。

  钱子荫与袁耕堂都认为,一个企业的生存发展,产品要讲究货真料实,质量必定要上乘,生意上要讲究货真价实、童叟无欺、足斤足量、礼貌待客。要做到这些,职工的人品素质最重要。他们的用人要求是"礼貌、诚实、守信、勤奋、体质好,能吃苦耐劳",不具备这些人品素质的一律辞退。他们认为有了具备这些人品素质的职员,才能把生意做得兴旺发达。从前制作酱油是没有机械化的,全是人工操作,劳动强度非常大。为了使工人消耗的体力得以充分补充,钱万隆酱园工人的伙食质量要比其他作坊好,正是"大荤三六九,小荤日日有",到晚上还有"牛庄高粱酒",但白天不能喝酒,如果工人在白天喝酒是要开除出厂的。当时的工人工资每月十圆银洋,全年按十五个月计算,还有送酱油的力费、出售酱渣所得、"盐业公堂"给酱园的用盐佣金等外快,加起来也抵得上每月的工资数。"钱万隆酱园"的工人工资高、待遇好,到了年终还有红包,在当时是尽人皆知的。

钱万隆酱园在袁耕堂的操持下,从作场到店堂井井有条,职工都是认真自觉地做好分内、分外的工作,产销量逐年提高,"银子洋钿"也逐年广进。这种景象乐坏了老太爷钱楠。在他古稀大寿时,不但有官场政要、社会贤达、好友亲朋以及各路商家都来道贺,而且钱楠与钱子荫父子俩生肖都是属猴,所以大家戏称钱楠长寿老"活狲"(沪语,猴子)。面对着一群人的恭维。老太爷好不得意,随口吟了四句诗:"天圆地方一佛尊,四维隆中奠基业;温泉琼浆造物华,钱通万隆鼎兴时。"这四句诗的意思是:我这姓钱的"老佛尊"啊("天圆地方"指铜钱的造型,这里喻指姓"钱","佛尊"是"活狲"的谐音)!在这宝地张江栅奠定下了生财的基业;我所生产的酱油,犹如温泉琼浆所造的物华,受到大众的交口称赞,正是我家钱万隆酱园鼎盛兴旺之时啊!

正当钱万隆酱园的生意如日中天的时候,袁耕堂先生突然提出辞职。原来钱子荫的两个至亲,看到钱万隆如此兴隆,也想来谋个职位。钱子荫被他俩一番奉承,好不得意,见他俩人也精明能干,便不与袁耕堂商量,就安排进钱万隆,做袁耕堂的助理。但是精明能干的人,如果缺少诚信,就会变得奸诈狡猾,钱子荫的这两个至亲就是这种人。仗着是东家的至亲,拿出了"二东家"的派头,对袁耕堂安排的工作不屑一顾,甚至还要在钱子荫面前说袁耕堂的坏话。袁耕堂只能请东家辞退这两人。钱子荫碍于亲戚的情面,不愿辞退这两人。于是袁耕堂愤然辞职,去了上海同新纱厂任职。钱子荫只得提拔沈怡如任经理。沈怡如是海盐人,酱作业出身,业务是熟手,钱子荫本认为他定能胜任。但一年下来,钱万隆没有进账只有出账,只得换陆升伯任经理。陆升伯也是海盐人、酱作业出身。他上任半年不到说要东家增添周转资金,钱子荫觉得不对劲,即行明察暗访,原来这两任经理在两位"二东家"的引导下,吃喝嫖赌无所不事,非但不见积累,反而把袁耕堂留下充足的周转资金挥霍殆尽。好一个钱万隆酱园,如今濒临倒闭。钱子荫后悔莫及,气得差点喷血,立即把这几个败家子清除出钱万隆。为挽救这个局面,他只能厚着老脸到上海同新纱厂,找到了袁耕堂,放下了做长辈的尊严,检讨了自己的不是,央求袁耕堂重新回钱万隆。袁耕堂一则感念钱子荫在袁家困难时期救助之恩,二则钱万隆毕竟是自己辛苦打拼出来的,有着深厚的感情,所以答应了娘舅公公钱子荫的请求,重新回到了钱万隆。但当时钱万隆的局面是没有周转资金,无法生产。由于老太爷捐助了"振新小学",再加上老太爷刚故世,花费了好多钱财,原本指望着钱万隆每年数千圆的进账,现在全落空,钱子荫已无余钱投入了。袁耕堂建议用吸纳各有钱人家资金的办法来补缺(类似现在的股份制)。果然,很多有钱人家见袁耕堂重掌钱万隆了,为得到丰腴的红利纷纷把钱存入。袁耕堂有了这些资金做本,只用了两年多时间,把钱万隆恢复到以前的兴旺景象,资本积累开始逐年增加。此时正值民国元年

（1912年），南汇县设远北市，市公所设在振新小学内，钱子荫被选为远北市首任总董（后改为经董）。在任内，他与南懋泰槽坊老板陈学义共同发起组织"张江栅商会"，对张江栅的工商业的发展有着促进作用。

袁耕堂于1922年英年早逝，钱子荫很是伤心，他把袁耕堂的大徒弟吴应枢任命为"阿大先生"。自己是已过花甲之年的人，却于1924年再次做了一任经董。在任内，通过南汇县教育局，把"振新小学"收为国立，改名为"国立南汇县远北市张江小学校"，扩建校舍14间，由初级小学升格为完全小学。他为张江地区的教育事业作了最后一次操劳后，于1926年逝世，终年67岁。

注释：

① 眼热，为沪语，羡慕。
② 头寸，为沪语，资金。

钱万隆功臣袁耕堂

●

袁耕堂,浦东北蔡御界桥袁家宅人,出身于一个信奉天主教的书香门第。15岁上,家道中落,为生活所迫,娘舅公公钱子荫带他到上海城内的钱万隆酱园学生意。阿大先生(经理)看他是老板亲戚,又见他聪明伶俐,长得又登样(英俊)又能写得一手好字,对他怜爱有加,收他为徒。袁耕堂为人谦和、做事勤奋,深得大家喜欢和看重。学徒过程中,袁耕堂铭记父亲的教诲:"三百六十行,行行出状元,要做一行尽一行,学一行精一行,才能有饭吃","学艺要能无师自通",用心学习,认真钻研,三年学徒生涯下来,无论是经营管理还是生产工艺技能,样样精通。满师后,袁耕堂留在钱万隆酱园做阿大先生的副手,负责跑街。他待人诚恳有信用,在上海城里混得了一个好名声。空余时间,他经常到作坊帮忙,制曲的时候相帮拌拌料、敲敲曲;酱曲落缸时相帮挑挑水;酱醅成熟时相帮翻翻酱。他在钱万隆属于"先生"一级的职员,能够与工人师傅一起卖苦力是难能可贵的,所以酱作师傅们都很敬重他。

清光绪二十一年(1895年)春,袁耕堂受娘舅公公钱子荫的重托,一回到张江栅,马上着手浦东钱万隆的筹建。门店和库房可利用原来钱万泰米布庄的,所以只需建设生产园区。为把有限的资金用好,袁耕堂处处讲究节约,作场间都用草房暂就。七石缸、酱缸盖、竹匾、榨床等工具是常年要用的,质量必须要上乘、经久耐用的,所以他亲自去宜兴等地挑选采购,做到价廉物美。他采取边建设边生产,边生产边完善的策略。为了提早投入生产,他亲自督造并与工人们一起,起早摸黑地苦干,终于赶在黄梅时节能开始制曲生产,保证了伏天的酱醅的制作。一个新筹建的酱园,在初次担任阿大先生的袁耕堂的带领下,半年即投入生产,这在酱作业中被传为佳话。接下来他为今后产品的销售作些市场"打辑"(沪语,即调查),他发现乡下的老百姓不像城里人,生活比较节俭,一般都是自己做酱,很少买酱和酱油,这种现象无疑给他踌躇满志的热情浇了一头凉水。但他没有气馁,为了应对这种局面,他与作头师傅一起商讨研究,在保证基本质量的基础上,在杜绝浪费、降低成本上下功夫,使钱万隆的酱和酱油比老百姓自己做的更便宜,味道也更鲜美。当时上海地区酱园的酱作师傅都以"盐帮"为主,他在"盐帮"酱作工艺的基础上,开创了适应海派饮食文化的"海派本帮"酿造工艺,开发出了本帮"伏油"的产品。那时,制酱(酱油)、酒、醋、饴糖、乳腐、酱菜的行业总称"六作",规模大的酱园"六作"全做,小一些的只做一两种。麦芽糖是做酱色的原料,酱色是"红酱油"的增色剂,所以钱万隆兼做麦芽糖和米醋。主要产品是"红酱油"、"无颜色酱油"(鲜酱油、白酱油)和"官酱园米醋"。

正当钱万隆在他管理下蒸蒸日上、兴旺发达之时,由于小人作难,老板又不听劝阻,他只能辞职去了同新纱厂任职管理。后来,在钱子荫诚恳的请求下回归,挽救了濒于倒闭的钱万隆。

民国后,开办酱园的手续不像以前那样复杂了,所以小规模的酱园如雨后春笋般在各处陆续冒出。为应对这竞争局面,袁耕堂在高行镇开设分店,1921年,在四团仓镇开设了规模很大的前店后坊的分号"德隆酱园",酱园兼做"酒作"酿造烧酒(钱万隆的一位老职工还保存着90多年前的一枚"德隆酒票"牛角印章,是可靠的佐证),门店还兼营南北货。但是德隆酱园开张不久,袁耕堂由于操劳过度一病不起,于1922年驾鹤西去了,享年54岁。"德隆酱园"也因缺少有能力的管理人才,开张后不到三年就歇业转让。

钱万隆第三代传人钱安伯

●

　　钱安伯是钱子荫的独生子,祖父和父亲对他都寄予很大的希望,希望他能成为出人头地、光宗耀祖的人物。与他的祖、父辈一样,早年也就读于天主教教会办的"上海徐汇公学",接受西方式的全面素质教育。他好读书、善研究,对西方传入的自然科学有着浓厚兴趣,在这方面的知识很是丰富。毕业后,他去苏州学习喜欢的农桑,受张謇先生"实业救国"思想的启迪,学成后与志趣相投的同窗好友在苏州一起经营蚕桑事业,立志要在这方面有所树建。后来父亲给他在政界谋了个差事,希望他在官场上有所发展。钱安伯却对从政不感兴趣,但是父命难违,他只能放弃自己钟爱的事业,把桑园托给友人管理。但不久之后又感于官场黑暗、时局艰难,辞了公职,一门心思地在苏州种桑养蚕,过着悠然自得的田园生活。父亲钱子荫对他的行为很感失望，觉得人家追求的是人往高处走，可自己的儿子偏偏是水往低处流，太没有出息了。

1926年父亲故世后，钱安伯只好回家接掌钱万隆酱园，仍任用吴应枢任经理，自己则仍专心从事钟爱的蚕桑事业。他买下张江栅西南荒芜多年的"大奚荡"荡田十余亩，进行开河取土，改造了低洼地，种上了桑树，建造了带有冬暖夏凉的地下室的房屋做育蚕房，在这里养鱼、养蚕。他想自己做出成果后向当地农民推广，实现实业救国的理想。但在农村里的人看来，钱安伯做事有些不合常理，譬如他建有地下室的房子，人们笑他在坟墓上造房子（当时的农村里人不懂地下室）；说他有着这么大的钱万隆家业不管，一个人到乡下来"弄虫子"（当时在浦东没有养蚕的习惯），在背地里称他"白老板"（"白"在浦东话中是"傻"的意思）。尽管这位"白老板"养蚕收入也很可观，当地百姓也鲜有人加入养蚕的行列，在张江地区要推广养蚕，是有一定的难度的。

钱安伯接掌钱万隆后的头几年，一直忙于他的蚕桑，对酱园事务没有多大的关心。后来他发现吴应枢有大权独揽之嫌，做事从不与他商量，酱园的产量与收入也账不相符，经查，吴应枢竟贪没万圆银洋。虽然追回了部分被贪墨之财，但钱安伯觉得自己一门心思从事蚕业，真有些"拾了芝麻扔了西瓜"之感，遂决定亲自管理钱万隆酱园，并起用袁耕堂的关门弟子吴伯鸿为协理主管供销，聘请年轻有文化、有实践经验的沈振余、顾天发为"作头"管理生产。钱安伯认为一家企业要在同业中立于不败之地，其产品必须有所创新，他以他所学到的科技知识，与沈振余、顾天发等酱作师傅一起研究如何提高酱油的质量。以前做"酱黄"（酱曲）是在熟黄豆上拌纯净的面粉，钱安伯建议在做"酱黄"时，拌入20%的麸皮试试，结果做出的酱油酱香味及色泽更足。为了与钱万隆传统晒油——"伏油"有所区别，应该给这种新产品起一个新的名称才对。钱安伯看到晒制酱醅的晒场，一道道砖铺的道路如街道，两旁整齐地排列着一口口酱缸，他就把这种酱油起名为"晒街油"。添加麸皮酿造酱油的方法，不但提高了酱油的质量，而且节约了成本。此后，他添置了一台柴油机及一台磨粉机，在店堂间西侧的花园里盖了个磨粉车间，直接从农户购进小麦自己磨粉，既保证了用料要求，又节约了生产成本。到了北伐胜利后社会安定、经济发展的时期，百姓生活开始富足，酱油的消费需求上升，"晒街油"供不应求。由于用传统日晒浓缩的工艺，生产酱油的周期长，钱安伯开创了晒煮结合的浓缩工艺，缩短了生产周期，提高了日产量，满足了市场的需求。而且通过烧煮，酱香味更浓。此时正值政府提倡"新生活运动"，钱安伯乘机把该产品命名为具有卫生意义的"晒卫油"。这倒也是名副其实的——烧煮达到了灭菌的作用。现在生产酱油都要高温灭菌，钱安伯在20世纪30年代初就已经这么做了。添加麸皮酿造酱油及酱油的高温灭菌，这是他对我国酱作业的工艺进步的一大贡献，是他创造了"海派本帮"酿造特色。香浓、味鲜且卫生的"晒卫油"一经推出，供不应求，酱油卖到豆油价，年销量达到十余万斤。钱万隆专职送酱油到各个经销点的工人，肩挑的、牛头车（独轮车）推的、船运的，忙得不可开交。也有商家自己派人来装运的，钱万隆会留这些装运工吃午饭,夏天的时候还送他们每人一条毛巾。钱万隆的门庄(即门市)服务也很为周到,顾客带着酱油瓶来拷(即"打")酱油,如果没有酱油瓶塞,门庄先生(即售货员)拷好酱油后会用报纸做一个瓶塞塞好,然后用丝草帮顾客把酱油瓶绑在篮襻上,以防酱油瓶在篮子中倒翻。还有的顾客会提着五斤装的陶罐来拷酱油的,因为这种陶罐没有盖,门庄先生拷好酱油后,会用印着钱万隆商号图案的专用封坛牛皮纸盖住罐口,再用一根丝草系牢,以防酱油从罐中泼出。夏天来拷酱油的顾客还会获赠一把印有钱万隆广告的竹骨纸质团扇,让顾客倍感温馨。许多到张江栅来探亲访友的浦西人,总要带几斤钱万隆酱油回上海。从此钱万隆酱油饮誉大上海,开创了钱万隆酱园鼎盛的局面。

钱安伯发觉制酱曲的曲房及竹匾制好酱曲后会一直闲置到第二年,就叫工人把曲房、竹匾全部进行蒸熏消毒后用来养一茬秋蚕,因此钱万隆酱园还有生产蚕茧的副业。钱安伯就是这么一个痴迷于蚕桑的人。

1925年,黄炳权先生伙同源兴德轧花厂老板陈有虞与懋泰酒坊老板陈学义在张江栅创立"张江电灯公司"(1929年改名为"汇北电气公司")。张江栅镇上开始用上了电灯和电气设备,是浦东农村集镇中最早通电的地方。钱安伯于1933年在钱万隆酱园店堂西侧花园的玉兰树旁,建造了张江栅第一座钢筋水泥结构的三层小洋楼,开凿了用电泵抽水的深水井,在洋楼顶上建造了一座储水箱,用以提供生活和生产用水。在小洋楼旁盖了个锅炉房,安装了一台小型锅炉烧水,供大家喝茶、洗澡。在小洋楼里,他还做了一个西洋式的盥洗室,浴缸、洗脸盆、抽水马桶一应俱全。因为当时乡下人没见过这种盥洗室,所以也闹出了笑话。有一次一位客人要大解(大便),仆人带他去了盥洗室,把门带上后就走了。客人在里边找来找去找不到马桶,就跑出来对仆人说里边没有马桶,仆人就重新带他到盥洗室,指着抽水马桶说这就是马桶,客人惊奇地说:"哎呀!这么干净的水盆,我以为是用来淘米的呢!"就这样,"抽水马桶里淘米"的笑话传遍了张江栅。钱万隆是张江栅第一家应用电动设备与自来水的企业。钱安伯还采用富含矿物元素的深井水制作酱油,提高了酱油的内在质量。用现在的概念来说用矿泉水制作酱油,这又是一个在酱作业中前所未有的独特创举。

1935年,钱安伯从多年积累的赢利中抽出12 000银圆,在六灶镇开设分号"恒春新酱园",委派吴伯鸿任经理,负责筹建与经营。恒春新酱园在开张后当年就赢利3 000银圆,这也是在当时酱作业中的一个奇迹。1937年,钱安伯的大儿子钱显平大学毕业,酱园的生意也比较稳定,钱安伯想让儿子历练历练,自己也可退隐。他运用西方的企业管理理念,对钱万隆酱园的高层管理做了一次重大改革:聘请袁大德任总经理,把吴伯鸿从恒春新调回总部任襄理,负责采购、供销;恒春新由叶竹良先生接任;委任马云桂为襄理,负责人事与总务;李子兴为财务,沈振余仍为"作头"负责生产(即现在的生产厂长);钱显平为顾问。在利润分配上也做了安排,酱园主拿4成、袁大德得1.3成、吴伯鸿得1.2成、马云桂得1.1成,余下的2.4成按贡献分与所有职工。安排定当后,钱安伯又要去从事喜欢的事业去了。同年,他与奚楚金、周耀文等人在张江栅组织农会,致力于推动当地的农业进步。未几,全面抗战开始,沪上沦陷后,农会停止活动,钱安伯去苏州他的桑园过隐居生活去了,直至抗战胜利后的1947年去世,终年57岁。

三代元老吴伯鸿

●

　　吴伯鸿先生(1906—1990),出生于川沙"大七灶"吴家宅一个信奉天主教的家庭。他是家中长子,下有一弟伯生。父亲和叔父在上海合伙开了个板箱店,家境还算是比较殷实,一家四口的生活过得还是比较舒心。到了他10岁时,父亲不幸染病,花尽了家中积蓄,还欠了药店的药钱。他11岁时父亲撒手人寰,父亲死时家中穷得棺材也买不起,棺材店老板见他们可怜,赊了一口薄皮棺材,父亲才算"入土为安"。父亲死后,可怜母子三人靠着一亩八分坟山地,艰难度日。

　　吴伯鸿的堂房婆婆与她在"大七灶教堂"做修女的小女儿,看到伯鸿娘拖着两个未成年的儿子生活实在是艰难,十分同情,虽然自己生活并不富裕,也经常在衣食上接济他们。有一天,婆婆的大女婿来拜访岳母,这大女婿就是名扬"奉、南、川"酱作业的袁耕堂。这时候岳母和小姨子对袁耕堂说了吴伯鸿家的状况,并把刚满12岁的吴伯鸿带到袁耕堂跟前,希望袁耕堂想想法子,让他学个生意有口饭吃。袁耕堂看着骨瘦伶仃的吴伯鸿,仿佛看到自己少年的影子,恻隐之心油然而生,就对小姨子说:"好吧!后天你们送这孩子到钱万隆来,我收他为徒吧。"话音刚落,懂事的吴伯鸿马上伏地就拜,连磕三个响头,口说:"多谢姑父!多谢姑父!"一旁随后赶来的母亲激动得热泪盈眶,对这位姑父千恩万谢。第二天,母亲和小姑送吴伯鸿去张江栅钱万隆酱园,拜袁耕堂为师。临行前,母亲嘱咐他做人要诚信,做事要勤奋,三年内不准回家。母亲为警诫他勿生贪念,把他所有衣服的口袋全数拆除。从此,吴伯鸿到了钱万隆开始了他的学徒生涯,先生(师傅)袁耕堂交给他一把算盘、一支毛笔,对他说,珠算和书法是一个经商先生业务往来的起码本领,算盘打得好、字写得漂亮才会被人家看得起。还送给他两句话,一是"三百六十行,行行出状元",意思是不要看不起这酱作行业,只要勤奋学习、刻苦钻研,就会有所成就;二是"无师自通",意思是学艺须主动,即使没有师傅的指点,也要学到知识。

  吴伯鸿在学徒期间的主要工作是伺候老板钱子荫,每天早上起来先伺候老板梳洗及用早餐,早饭后,与店员一起开店堂排门,然后做些杂差,空余下来在账房先生的指点下练习珠算。到了晚上,伺候好老板洗脸洗脚后,自己一个人在店堂内练习书法。有一天晚上,他正在练书法,突然通往厨房及宿舍的后门外冒出了火光,失火了!要救火,但这里没水,怎么办?吴伯鸿灵机一动,一边喊救火,一边拿起脸盆在酱油缸内舀酱油来回不断地往火上浇,等到在宿舍的工友和老板都出来了,火也已被他浇灭了。大家一查失火的原因,原来通往宿舍的一路上的拐角处都挂有灯笼,就是这后门口的这盏灯笼挂得不牢,被风吹下来,引着了墙根的柴草。吴伯鸿在一旁犯愁:这几十斤的酱油给浇掉了,值好多钱呐! 老板会不会骂我,叫我赔钱? 可老板非但没有骂他,还夸奖他:"要不是阿鸿,这损失可大了!"第二天,老板叫账房拿十元大洋给吴伯鸿,奖励他救火有功,吴伯鸿却说:"不要,这钱没地方放,拿在手里不能做生活。"这话引得大家笑了起来,可一看他衣服上没有一个口袋,大家再也笑不起来,感叹伯鸿娘的家教有方。于是老板就托人把钱带到伯鸿家交给他娘。

吴伯鸿先生在少年时期就接受社会上实业救国思想的熏陶,从踏进钱万隆起,就"萌有寄人篱下终非所愿之念"(吴先生语),立志成年后定要开创自己的事业。在三年的学徒生涯中,他谨记母亲和师傅的教诲,学会做人,常以"勤学苦练,金石为开""生命有限,学海无涯""克勤克俭,致达宏愿"等格言自我勉励,一心努力多学本领,钻研业务、苦练书法(旧时穿长衫的人毛笔字很重要,所谓"看人先看字"),为日后创业打好基础。他在书法上有很深的造诣,16 岁时获得南汇县青年书法比赛第一名。

他的诚实与勤奋,受到老板钱子荫与先生袁耕堂的赏识,满师后 16 岁时,即在盐仓的分号——"德隆酱园"担任掌管经济的要职。18 岁时,老板为历练他的经商能力,交给他三千大洋去奉贤开拓业务,他悉心经营,当年就赚回投资。小试牛刀,已露锋芒,他非凡的经商才能,得到老板和经理的器重。钱子荫故世后,其子钱安伯亲掌钱万隆时期,对吴伯鸿委以协理之职,负责供销,参与开创了钱万隆的鼎盛局面。30岁时(1935年)老板钱安伯又派他到"六灶镇"创办分号恒春新酱园,并委以经理之职。在他的悉心经营下,恒春新酱园开张的当年就赢利三千银圆,创造了酱作业的奇迹。1937年吴伯鸿调回钱万隆总店任襄理,负责采购、供销。抗战胜利后,在他的辛勤经营下,钱万隆的年利润达万余元,创历史新高。他本人也当选"奉南川酱作业同业公会"的理事。

1939年吴伯鸿与周阿东在"横沔镇"合伙开办"利美酱色厂",未几,由吴伯鸿夫人周芹洁女士出面独资经营,取"克勤克俭,致达宏愿"之意,将工厂易名为"克达酱色厂"(1949年后迁至张江栅正心桥东)。为了业务发展,吴伯鸿则仍旧留任钱万隆襄理之职,直到1951年实行工商登记时,才离开钱万隆,接替夫人自任克达酱色厂老板。"酱色"是生产红酱油(广东人称"老抽")的必需配色原料,克达酱色厂是国内率先引用日本先进生产工艺生产酱色的两家工厂之一,生产出的酱色色彩鲜亮,色泽稳定不易氧化。用这种酱色配制出的红酱油,质量比之前有本质上的提升,所以奉贤、南汇、川沙三县的酱园都用克达酱色厂生产的酱色。吴伯鸿先生具有主动接受新事物的观念,为我国酱作业的生产工艺改革起到了积极的推动作用。

吴伯鸿先生以他做人的诚实守信与刻苦勤奋,从一个孤苦伶仃的12岁小学徒,逐步成长为酱作业的高级职员,用自己所得的薪俸还清了家中债务,到34岁时终于开创出自己的事业,

三、钱万隆酱园的故事

实现了少年时的宏愿。

事业刚开始发达,吴伯鸿就开始实践他的实业救国之志,1948年,为发展地方教育事业,他积极参与发起兴建"汇北中学"新校舍工作,不仅自己捐助10石(约605千克)大米,还从多位好友处"劝募"到大米500石(约30 250千克),落实了建校资金。1949年5月,张江栅解放,他参加各界人士欢迎解放军进驻张江栅的活动,将自己在1947年落成的新居分一半给部队居住,还捐出大米20石(约1 210千克)作为军粮。他相信共产党能够救中国,共产党成为他新的信仰。他多位好友多次劝他去台湾、香港地区发展,他坚决不去,决心要在共产党领导下,为建设国家效力。1950年,为发展地方经济,交通是商品交流的命脉,他与北蔡的倪章甫两人发起并捐出大米100石(约6 050千克),修建、扩建了张北路(张江到北蔡);抗美援朝时期,他积极动员全镇工商界参与"捐献飞机大炮"活动;为加强税收工作,支援国家建设,他协助政府组织纳税互助组,动员商界同仁踊跃纳税,纳税困难户均由他包下来完成,为此他垫付了相当大的一笔钱,做到了全镇无欠税户。1956年1月,公私合营大高潮时,他积极带头申请公私合营。凡是对国家、社会有益的事,他总是积极主动地做在前面,全身心地投入。后来,公私合营后的克达酱色厂并入公管后的钱万隆,他又二进钱万隆。从1949年10月至1957年底,他是川沙县人大代表。

1957年底,反右派运动中,他被错误地划为"右派分子"。昨天还是众人尊敬的"爱国爱党的积极分子",今天突然变成众人唾骂的"反党反社会主义的右派分子",他好像从天堂被推入了地狱,像被亲生母亲无情抛弃的孩子,失落、迷惘、委屈、痛苦使他一时不能自拔。虽然命运无情地作弄了他,但有一种坚定的信念在支撑着他,使他在阵痛中解脱出来,能够勇敢地、达观地、正确地面对残酷的现实。这种信念就是相信党,相信阴霾的日子一定会过去的,党的阳光一定会再次照耀他的。1961年,他被摘除了"右派分子"的帽子,还被任命为张江酿造厂总务主任。

党的十一届三中全会后,1979年,在他年逾古稀之时,党组织对他被错划为"右派"进行了纠正,恢复了他的名誉。随后他又荣任川沙县政协委员和上海市天主教教务委员会委员、川沙县天主教爱国会副主任。进入耄耋之年后,他还在为社会公益事业辛勤操劳。

1990年,正当人们在欢庆元宵佳节时,吴伯鸿先生却悄然离开了人世,享年85岁。川沙县副县长朱荣昌、县统战部部长张震言、县政协副主席姚金梧等领导以及张江镇党政领导出席了他的追悼会,为他送行。

吴伯鸿先生的生命轨迹始终贯穿着"诚实守信""勤奋自强""谦恭忍让""仁爱奉献"这些中华民族传统美德,无论他得意还是失意,处在顺境还是逆境,他都坚守着这些人生信条。

钱显平时期的钱万隆酱园

●

钱万隆第四代传人钱显平,是钱安伯的长子,毕业于天主教教会创办于光绪二十九年(1903年)的震旦大学。1937年,钱万隆管理层改组时,他遵父命参与钱万隆的管理,任顾问。这时候张江栅的人们开始都叫他"小老板"了。钱安伯所安排的企业管理人员,都有"受人之托,忠人之事"的意识,个个对老板都是忠心耿耿,而且企业的效益与员工的收益密切相关,所以每个人都非常认真卖力地做好自己的事。一般的工人,由于钱万隆的待遇好,不管劳作何等辛苦,也都十分卖力。作为顾问的钱显平不需要操多大心,像他的祖父一样,只要管管钱就可以了。

钱安伯组建的管理团队,总经理是袁大德。袁大德,太仓浏河人,身材瑰伟,气质轩昂,为人和气、有信用、讲义气,总是和颜悦色使人倍感亲切。他与两位襄理吴伯鸿、马永贵及两位作头沈振余、顾天发,相处如兄弟,他们的这种友谊也传递给了他们的子女,如今他们的子女大多都已进入耄耋之年,还在经常往来。这个管理集体受命于抗战时期的苦难岁月,那时,很多人家连饭也吃不饱,还有多少人来享受酱油的美味?酱油的生意极度萧条,浦东一带好多的酱园因无法维持而倒闭。袁大德意识到,这种生意萧条是由社会动荡造成的,到了社会稳定的时候就会改变,只要能够坚持住,希望会有的。他与职工们商量,为共渡难关,从总经理到普通职工,大家拿减半工资,把有限的资金用在生产上,酱油卖不掉就做储备。生产酱油的周期起码要两年,平时多做些储备,一旦社会稳定经济好转,老百姓的购买力上去了,就不会因来不及生产而造成供货断档。酱油不易变质,而且越陈质量越好,多做储备没有问题。袁大德的决策得到钱显平和全体职工的支持,工资减半总比回家"吃老米饭"强得多。在这困难时期,职工们的工资少了,工作的热情却更高了,责任心更强了。正是"上下一条心,黄土变成金",虽然销售减少了,钱万隆酱园还是坚持正常生产,把销售多余的酱油储存起来,酱缸不够,就从倒闭的酱园处以收破烂的价格收购,这样增添了百余口酱缸。钱万隆酱园,正是由于有这样一个如兄弟般团结的管理集体,全体职工同心同德、同甘共苦、共渡难关,没有被险恶的逆境所淹没。

1938年春的一天,日本兵来到了张江栅,把镇上的老百姓都赶到义学的操场上,对着人群架起了机枪,要老百姓说出游击队在哪里,否则就要开枪扫射。正在人们极度恐慌的当口,突然人群中走出一位穿着入时的姑娘,对那领头的队长叽里咕噜地交谈起来,最后,只见这个队长对姑娘鞠了个躬,撤下了机枪带着队伍走了,操场上的老百姓就此得救。人们都十分感激这位姑娘,问这位姑娘是谁。她是钱万隆酱园"门庄先生"(营业员)吴亭友的妹妹吴家宝。吴亭友是吴伯鸿的族弟,也是大七灶人,父亲是个裁缝好手。大七灶人做生意的有"两多",一是开板箱店的多,二是去日本做裁缝的多。吴亭友的父亲也带着家小去了日本,只把长子吴亭友留在家乡。妹妹吴家宝在日本长大读书,所以会说一口流利的日本话。全面抗战开始后,他们举家回国。这次吴家宝刚回国后就专程来探望久别的大哥,袁大德见她是日本回来的,就留她多住些日子,万一日本人打进来有个会和他们打交道的人,想不到这么快就碰上了,就叫家宝前去解释解释,想不到一下子为百姓们解脱了危机。从此,"钱万隆的靠山大呀!""与日本人关系不一般哪!""钱万隆的吴家宝与日本军官是同学呀!"这些传闻在社会上流传开来,使得当时投靠了日本人的土匪头子徐洪发,对钱万隆也不敢得罪。钱万隆也顺势利用这些假象,此后,钱万隆的货物在关卡上通行无阻,生意也逐步好转。钱万隆也在当地百姓心中成了危难时的依靠,有什么危难事总是要找钱万隆商量。在1940年发生在张江栅的"北辰事件"中,钱万隆出面,拯救了那些反对黑恶势力的有为志士,被传为美谈。这都是袁大德懂得利用人才、利用时势、利用机遇、利用假象,与日伪势力巧妙地周旋,闯过了一个个难关。

在敌伪时期,张江栅的社会治安极差。一天深夜,一伙强盗洗劫镇上商家,当这些强盗在大街上抢劫的时候,就有人到钱万隆来报信。当时吴伯鸿带着他大儿子吴仲祥住在店内,父子俩得知后马上拿了装有钱款的铁皮箱,跑到对面生产区,躲在酱缸盖下。强盗们来到钱万隆店堂时见店内空无一人,一直放在账台边的钱箱也不见了,地上散落着好多硬币。这店堂地上散落硬币是钱万隆数十年来的传统,为的是考验人的诚实,如果哪个职工把地上的钱拾到自己口袋里,那么这人马上就会被开除。这伙强盗就拾了些散落在地上的硬币就走了,吴伯鸿父子俩躲过了此劫,保住了大笔的钱款。到了第二天,钱显平得知了昨夜强盗抢劫之事,很多商家损失不小,幸亏好人报信及时,钱万隆只破了些小财。钱显平为了防范类似事件,就添置了一把手枪和数把长枪进行自卫,从此张江栅再也没有发生强盗抢劫的事。后来张江酿造厂搞建设挖地基时,挖出了这些枪。

抗战胜利后,钱万隆又迎来了一个酱油销售的高潮期。这时候,浦东一带在生产的酱园已为数不多了,而且都不像钱万隆那样有储备,所以只看见钱万隆船运的、肩挑的、独轮车推的,每天都在源源不断地出货,把以前的储备全部卖光不算,还扩大了生产规模。当时年销售酱油、酱料460余吨,年创利润一万多银圆。钱显平很是佩服袁大德的预见,当时生意上的事务都是吴伯鸿先生一手经管,生产上是沈振余一手操持,所以能有这样的业绩是与吴先生、沈振余两人的辛勤操劳分不开的。

有了钱不忘社会公益事业,这是钱家的家风,1947年张江栅的汇北中学筹建新校舍时,钱显平出资大米百余石之巨(当时物价不稳定,币值只能按大米的数值来定)。

中华人民共和国成立后的钱万隆

●

  钱显平解放前夕去往台湾,未几,袁大德也吓得不愿做二东家逃回家去。吴伯鸿趁着工商登记之潮,名正言顺地回到自己开办的"克达酱色厂",伙计不做去做老板了。只剩下马云桂,还想靠钱万隆的工资养家糊口。他是管人事的,总是要得罪些人吧,现在他成了钱万隆的头号掌门人,于是这些人就把他当作"老虎"来打,马云桂觉得自己也是伙计,真是有怨难诉,气得跳楼自杀,结果未遂,只断了一条腿回家养伤去了。此时的钱万隆成了只无头苍蝇,无人管理,濒于瘫痪,工人们急煞。北蔡区政府得知这情况,也为工人们担忧,就派黄福根去钱万隆临时管理,并从银行给钱万隆注入流动资金,恢复了生产。黄福根起用青年一代沈和昌、顾宏奎等人负责供销业务,沈振余、顾天发仍负责生产,使生产、销售步入了正常,满足了市场的需求。到了年终,黄福根认为,现在工人翻了身,没有老板剥削了,都是工人当家做主人了,所以把所得的利润全部分给职工,职工们皆大欢喜,欢呼共产党好。

1954年5月29日,川沙县人民政府发文,正式接管钱万隆酱园,并改名为"地方国营川沙县张江酿造厂",归口县工业部,委派钱振嘉为第一任经理(厂长)。同年川沙县开展第一次酱油行业工商改造(公私合营化)及工资改革,试点单位放在张江酿造厂,当年开展、当年结束,历时8个月。企业的经济性质由私营改造为全民所有制的地方国营。职工工资改革也同时进行,通过改革,工人月平均工资在40元左右,厂主要负责人月工资50元以上,工商改造和工资改革极大地调动了职工的生产积极性。张江酿造厂销售网络遍及川沙全县,年生产酱料266吨,酱油706吨,销售总额22万元,利润3.7万元,职工增加到32人,创利与解放前相比增长近4倍。这些都为企业今后的发展打下了良好的基础。1955年4月,上级委派赵锦康接替钱振嘉为经理。1956年春,县上又派韩伟任党内负责人,由于二人工作很不协调,在全国各行各业欣欣向荣、一片大好的形势下,酿造厂的年产量却下降100多吨,销售下降7.6万元,年利润减少2.43万元。1957年,韩伟调回县里工作,赵锦康全面负责,情况得以扭转。然而,1957年底,全国刮起了一股"反右倾""大跃进"之风,张江酿造厂也受到波及。1956年前每吨酱油的生产成本要200多元,1957年到1961年降到115元,利润却翻了一番,但酱油的质量大大下降。1962年浮夸风有所收敛,生产成本与质量都得到恢复,同时厂里开展技术革新,用手推车代替了肩挑箩筐扛,减轻了劳动强度,由人工落缸改进到半机械化淋缸生产,改变了原来靠木榨床生产,一个工人一天要搬动上万斤的压榨石块这种超强度作业的状况。降低了劳动成本,提高了生产效率。

1961—1963年,三年困难时期,社会上掀起一股抢购风,川沙县粮食局的一位副局长看到此事,下令在酱油中掺水,当时厂领导再三研究,认为不妥,违反了党的"保障供给"原则,及时向县委作了请示汇报,在县委指示下制止了这件事。

在1956年到1961年期间,在厂领导的组织下,文教、卫生、食堂工作方面抓得比较出色,得到良好评价,奖旗、奖状排满了厂里的小会议室。在文教上主要是开展扫盲班、文化初级班、文化提高班的活动,是川沙县业余教育领域唯一出席上海市群英会的先进单位。在卫生工作上做到"三化",即制度化、区域岗位包干责任化、自查经常化。提高了调味食品的卫生水平,保障消费者的健康。为了改善职工生活办好食堂,厂里同当地生产队商量租了几亩田,利用厂里的酱渣、糖渣的饲料优势,发动职工兼职养猪、养鸡,再利用猪粪作肥料种蔬菜。在三年困难时期肉类、蔬菜等食品严重短缺的情况下,厂食堂不但自给自足,还支援过不少兄弟单位。通过这种"自己动手丰衣足食"的方法,不但减轻了职工的伙食支出,而且改善了职工的伙食水平。

1956年对私改造后,"张江的克达酱色厂"、北蔡的"万盛酱园"先后并入张江酿造厂。1961年,洋泾的"丰盛新"、高桥的"万润"也并入张江酿造厂,作为它的两个车间。1962年,按照中央"调整、巩固、提高"的方针,上海开展机构、队伍精简,职工下放支农。洋泾、高桥酱油车间精简支农按上级要求顺利结束。人员设备并入张江酿造厂,厂房划归洋泾食品厂及高桥乳腐厂。职工情绪开始稳定,生产经营状况有所改善。不久,"四清"运动开始,厂支部书记赵锦康调县里,调来姚殿禧担任领导。1966年,工厂酱油年销售量达到1 254吨,职工增加到40人。同年,顾路的"协兴盛"、小湾的"敬文"并入张江酿造厂。至此,川沙县境内的所有酿造企业,全部并入张江酿造厂,进行统一管理与经营。

酿造工艺改革从1958年开始,"制曲"从原来依靠一年一度的黄梅气候自然制曲,改为用有自动控温控湿功能的培养室,采用上海市酿造科学研究所培育的专用菌种,接种培养制曲。使大豆原料繁曲率大大提高,为酱醅发酵打好了基础。"制酱醅"由原来的发酵缸自然日晒发酵,改造创新为蒸气保暖无盐固态发酵。将一年只能生产一次的古法生产变为常年连续生产。虽然出品的酱油在风味上有所逊色,但缩短了生产周期,产量大幅度提高。这是全国酿造技术改造的首创。1960年以后,由于粮食供应紧张,制酱原料由黄豆、面粉改用豆饼、麸皮,酱油的质量有所下降,但节约了粮食和大豆油脂,利用了豆饼麸皮,从提高经济效益的层面上来说,是一个积极的创举。1970年制曲工艺再次改革,将原来的竹匾制曲改成曲池厚层通风制曲,整个制曲工艺过程从原来的48小时缩短至36小时,并减轻了职工的劳动强度。1978年发酵工艺由无盐改为低盐,原料蒸煮由常压蒸桶改为机械旋转高压蒸锅。酿造酱油的手工操作工艺逐步演变为机械化作业生产。1981年张江酿造厂新建了酱油车间大楼,上置蒸料锅和制曲池,下安水泥发酵池,添置了真空吸料装置和自动喷水器,全面实行了酱油生产机械化、管道化、自动化的一条龙生产作业。在当时上海乃至全国的酱作业中,生产机械化程度名列前茅。

钱万隆的"官酱园"招牌

●

钱万隆酱园有一件宝,它是在光绪二十三年(1897年)由朝廷颁发的"官酱园"金字招牌。这块金字招牌,是国内唯一留存至今的"官酱园"金字招牌,具有很高的历史价值,弥足珍贵。

那么为什么当时的朝廷会颁发"官酱园"金字招牌呢?因为盐的缘故。由于盐税是朝廷重要的财政收入,所以盐从春秋时期起是只许官卖的商品,凡从事私盐贩卖的,都要查办,每个朝代都有专门管理盐业的机构。管理江南地区盐业的机构,宋元时为"两浙盐运使司",署衙设在今上海浦东新区的新场镇;明代为"都转盐运使司",署衙设在杭州,新场设"都转盐运使司松江分司";清代为"两浙江南盐运使司",下设"盐法道"或"盐巡道"(简称"盐道"),掌管督察盐场生产、估评盐价、管理水陆挽运事务,以及管理征税的"盐课司"。"松江府盐法道"及"盐课司"设在下沙盐场,位于今上海浦东新区的新场镇。"盐运使司"归属户部的"巡抚盐漕部院"管辖。明清时期,领取"盐帖"缴纳"盐引税"(盐引即采购盐的凭证)后取得地区专卖权的盐商(即现代的一级批发商),称"引商"(有些人把"引商"理解为"引荐的巨商"这显然是错误的)。《清史稿·食货志四》:"引商有专卖域,谓之引地。"衙门颁发的"盐帖",是承销官盐的凭证(相当于现在的税务登记证)。凡商贩售盐,必须纳税领帖,才准开设承销官盐的商店,即"官盐店"。

清代,在沿海经济发达的城市,出现了大量从事酱作业的酱园。盐是生产酱油的主要原料,盐向来是属于官卖的,所以凡是酱园过去都有一个"官"字,这与做酱油使用"官盐"须得到官府认可有关。可是开办官酱园与经营官盐一样,不只有钱就行,必须先要取得"官酱园"金字招牌(有如现在的营业执照)。而要得到它,必须有功名在身或有官场背景,还要有经济实力雄厚的商人(即"保商")以及当地能在盐引课税上作保的商人(即"引商")作保,方能向"两浙江南盐运使司"衙门提出申请,由户部盐漕部院审核批准备案后颁发"官酱园"金字招牌和"盐帖"。过去"盐帖"上的征税标准是根据生产规模而定,生产规模以造酱的酱缸计算,造酱用缸分正缸、副缸与备缸。一个正缸可配2口副缸,3口备缸。正缸每个每年课税银5两,副缸为2.5两,备缸不计税,捐多少个缸税银,才能使用多少个缸造酱,超过申报数要按缸罚银两。课税后核发每缸用盐量的"盐引",有了"盐引"方可直接从盐场采购造酱用盐。钱万隆官酱园当年核准的生产规模为正缸50口、副缸100口,备缸150口。

钱万隆酱园的创始人钱楠,是一个"穿黄马褂"的人,所以他要开办官酱园是十分容易的事。他办过两块官酱园招牌,第一块是初创于上海城内的钱万隆的官酱园招牌,第二块是保存至今的、开办在张江栅的钱万隆"官酱园"招牌。

现存的这块木质烙金招牌,长67厘米、宽37厘米、厚2.5厘米,上部横书"巡抚盐漕部院",右方竖书"两浙江南盐运使司于光绪二十三年详奉",此下方书:"保商顾浩""引商吉允升",正中则竖写着"官酱园"三个大字,左侧竖写"宪烙给第拾壹号南汇县二十保张江栅镇地方铺户钱万隆"。"宪烙"为颁发之意,两字字形大于下行字形以示庄重,所有字迹烙金。照牌顶部装有铜质挂件,四角还用黄铜皮包角,制作十分精致。这块官酱园招牌,在"文革"中,被老工人藏于木工间的木刨花中,才躲过"破四旧"的劫难,到改革开放后重见天日。

民国后,官酱园的申办条件不再严格,老的"官酱园"冠以"新"字,称"新官酱园",钱万隆有一枚"新官酱园"牛角章可以佐证。1931年"新盐法"实施以后,开办酱园不再冠以"官"字,亦无须严格的手续了,所以小规模的酱园,如雨春笋般大量出现。

酱油酿造的溯源

●

酱油是烹调美味佳肴的调味品,也是餐桌上增进食欲的佐餐料。在中国的饮食文化中,酱油起到增色、起鲜、添香、防腐的作用。

酿造酱油悦目的琥珀色、独特的酱香味、增进食欲的鲜美味,在酿造过程中是如何形成的?过去的酱作师傅只知其然,不知其所以然。现在我们能以微生物学、生物化学的原理来解读这种现象。酿造酱油的过程,是通过微生物(主要是米曲霉菌)生长繁殖活动中分泌出各种酶(蛋白酶、淀粉酶、脂肪酶、氧化酶、纤维素酶)分解转化物料(大豆、面粉、麦麸)中的蛋白质、淀粉、脂肪、纤维素、半纤维素,生成多种氨基酸、琥珀酸、多糖、维生素等化合物。氨基酸和糖类在适宜的温度、空气和酶的作用下,一定的时间发酵后结合成酱色;酯类、醇类、羰基化合物、缩醛类及酚类等多种香气成分,综合构成了独特的酱香味;鲜味主要由氨基酸钠盐(特别是谷氨酸钠)构成,而其他的氨基酸、琥珀酸也赋予酱油独特的味道。酿造酱油的过程是微生物作用下复杂的生物化学反应过程。所以要获得理想的效果必须掌握精湛的技艺。钱万隆酱园自从创始起,就一直注重这方面的研究与探索,在"盐帮""晒油"的基础上,创制出适应海派饮食文化的"伏油""晒街油""晒卫油",形成了"料好、曲优、艺精、晒制陈化"的海派本帮酿造工艺,享誉沪上半个多世纪(1880—1958)。

酱油在中国古代乃至近代是生活较宽余的人家才能享用的美味。酱作业的发达程度,一定程度上可以衡量一个地区经济水平与人们生活水平高低。可以想象,如果一家人家连盐都买不起,还能去买酱油吗?改革开放后,人们生活富裕了,以前没有酱油厂的城市也陆续办起了酱油厂,现在,酱油已成为与人们日常生活息息相关之物,酱油是用豆酱、麦酱通过压榨滤出的汁液,是去了酱渣的酱,是酱的再加工品。这种汁液在古代有多种名称,如酱汁、清酱、豆酱清、豉汁、豉油等。因为它的生产工序繁复,生产周期又长,在古时候珍贵如油,所以在江浙一带称它为"酱油"。酱油的制作,是我们古代中国人巧妙地利用微生物,为人类服务的一大创造。

自从我们的祖先发明、使用陶器后,也就出现了造酱、酿酒、酿醋的酿造技术。"酱"的最早历史记载在周朝《周礼·天官》中:"膳夫掌王之食饮膳馐……,酱用百有二十瓮"。所以酱的制作在三千多年前已有之。那时的酱已有肉酱、鱼酱、虾酱、豆酱、麦酱等。酱,在古代起是一种美味的佐餐料,那些清淡的鱼呀肉的,如果蘸上酱吃就味美无穷了。这种吃法一直沿袭至今,例如,北方人吃大葱、大蒜、黄瓜等都要蘸着大酱吃,南方人吃白切羊肉要蘸着甜面酱吃才有味,吃北京烤鸭更是离不开酱了。

酱的酿造是离不开盐的,盐在古代是珍贵之物,尤其是内陆地区,获盐非常不易。所以酱可能最早出现在古代齐、鲁、吴、越的沿海产盐地区。到了近代,这些地区的农村,基本上每家每户到了黄梅时节,都开始做"酱黄"造酱,有的做豆瓣酱,有的做麦粉酱。随着人民生活水平的提高,现在绝大多数人家都已不再做酱,家庭做酱的技艺也濒于失传。

历史上最早介绍豆酱、麦酱、豆豉制作工艺的著作,是公元6世纪的北魏时期贾思勰所著的《齐民要术》。书中还提到"豆酱清",这应该是酱油的最初名称,或者因作者是山东寿光人,所以应该是齐鲁地区当时对酱油的称呼。用酱油烹调菜肴,在北宋的时候已有。北宋时期的苏轼被贬黄州的时候,有著名的《猪肉颂》:"黄州好猪肉,价贱如泥土;贵者不肯吃,贫者不解煮,早晨起来打两碗,饱得自家君莫管。"说的是黄州的猪肉因为肉质太老,十分便宜,富人家不要吃,穷人家又不知道怎么煮。苏轼用"慢火、少水"的方法煮成美味的猪肉,独享其美味之乐。这种煮肉的方法,很可能是以前他在杭州做三年通判时,学到江浙地区用加了焦糖色的酱油煮红烧肉的方法。后来他又去杭州做了两年太守,为老百姓做了许多好事,深受老百姓的敬重。由于苏轼爱吃当地的红烧肉,后来杭州的一些文人雅士,就把这位名人的爱馔冠以"东坡肉"在当地流传。酱油的名称以及用于烹调美味佳肴的历史记载,最早的是在南宋时期林洪所著的

《山家清供》书中,有用酱油、芝麻油来炒春笋、鱼、虾的记载,还有"韭叶嫩者,用姜丝、酱油、滴醋拌食"的记载。还有一本《浦江吴氏中馈录》书中,记载用酒、酱油、芝麻油清蒸螃蟹。此后历朝历代的文献中,酱油一词多有出现,如元至元年间的《云林堂饮食制度集》及《易牙遗意》,明万历的《饮馔服食笺》,清康熙的《食宪鸿秘》《养小录》《醒园录》,清乾隆年间的《随园食单》《调鼎集》等都有相关记载。

由此看来,酱油的酿造在北魏时期就有了。但在南宋以前对酱油的历史记载很为稀少,目前存世的就这么一本《齐民要术》。究其缘故,可能是酱油在古代的饮食文化中,毕竟不起主导作用。酱油起源于远离文化经济中心的沿海地区,由于古代商品交流欠发达,加上饮食习惯的差异,所以酱油很长一段时间不被主流社会所认知。到了南宋建都临安(杭州)后,这一情况有所改变,元、明、清代提到酱油的文献变得越来越多。

历史上酱油酿造的流派

●

酱油是用酱榨出的汁液，所以酿造酱油首先要做酱。在过去自给自足的农耕社会里，做酱对于乡间的人们来说，是家常便饭的事，有做豆酱的，有做麦酱的，有做豆麦酱的。传统做酱，是把制成的酱曲泡在盐水中，在陶罐内密封发酵酿造。这种发酵方法，用微生物发酵原理来讲是"厌氧发酵"。但在江浙地区，做酱的发酵方法就不同了，是把泡在盐水中的酱曲，放置在广口的酱缸中在阳光下晒制，并定期翻缸充氧，充氧后的前期是"有氧发酵"，充氧后的后期是"厌氧发酵"。这种发酵方法，用微生物发酵原理来讲是"有氧、厌氧兼性发酵"。由于地域饮食习惯的不同、造酱原料取材配伍不同、酿造过程方法不同，形成了不同风味的酱和酱油，在商品社会中酱作业中也产生出了不同的流派。

历史上,从酿造发酵方法上区分,酱作业流派主要可以分为江浙派和川粤派。江浙派系是采用"有氧、厌氧兼性发酵",其成品的外观特征是色泽红润,这恐怕与江浙一带人的烹调喜欢"浓油赤酱"有关。川粤派系是采用"厌氧发酵",其成品的外观特征是色泽较淡雅。广东地区的人称酱油为"豉油",这是因为这些地区在古代用豆豉生产酱油的缘故。豆豉的生产,是用大豆制成"豆曲"后通过洗曲、凉干,加盐后放置在陶罐内密封发酵,这种发酵是不加水的干式发酵(现代的术语称作"高盐固态发酵"),所以其成品为颗粒状的半固体物。如果这"豆曲"进行加入盐水的湿式发酵(现代的术语称作"高盐液态发酵"),其成品就是豆酱了,酿制酱油必须用湿式发酵。据记载,豆豉的生产,最早是由江西泰和县流传开来的,后经不断发展和提高,使豆豉成为独具特色,广为人们所喜爱的调味佳品,而且传到海外。日本人的"纳豆"即为豆豉的一种,东南亚各国也普遍食用豆豉。

酱作业中也有以地域区分的帮派,如川粤派系有广帮、川帮。广帮除了把酱油称作"豉油"外,还把不添加酱色的酱油称作"生抽",把添加酱色的酱油称作"老抽"。生抽、老抽,从字面上看似乎与酱油无关,只是一个俗称,但由于简洁、新奇,现在已被全国人民所认同了。江浙派系有淮扬帮、苏锡帮、海盐帮(盐帮)、宁波帮(宁帮)和上海本帮。淮河以南的江浙地区,一向是繁华富庶之地,百姓生活富足,才会追求生活的享受,酱油在江浙地区是大宗消耗品,所以这一地区酱作业非常兴旺发达,形成了这么多的酱作业帮派。酱作业没有什么秘技,不同于其他行业以技艺或以业主出身地来区分帮派,酱作业的帮派仅以作头师傅及酱作工出身地来区分。

20世纪60年代后,政府制定了统一的酱油生产工艺流程与质量标准,从此酱作业中的流派与帮派也消失了。

目前,我国酱油市场有以广东海天、致美斋等为代表的粤产酱油,以上海淘大、老蔡、钱万隆等为代表的沪产酱油,以龟甲万、李锦记、和田宽等为代表的外资酱油,以及北京金狮、石家庄珍极、天津天立、福州民天、湖南双凤等区域性酱油品牌。我国酱油的生产工艺,目前是以广东酱油为代表的天然晒制和以河北、北京为代表的采用日本工艺的高盐稀态发酵工艺这两种为主。其他高盐稀态工艺都是具有地方特色的传统生产工艺,产量普遍很小,主要在温州、湘潭、成都、重庆、宁波等地生产。

百年酱香钱万隆

●

　　现在,只要提起张江这块土地,人们就会自豪地说,啊!这是我们"中国南方硅谷",是"智慧张江";在以前,人们提起张江,就会带着一种钦佩的语气说:"噢!那就是生产出"妙不可言,钱万隆酱油"的地方啊!"虽然"中国南方硅谷"是现在张江人新的荣耀,但总不能忘掉"钱万隆酱园"是张江人曾经的骄傲。如今,"钱万隆"的酱油酿造技艺,获得国家级"非物质文化遗产保护项目"的称号,这不是偶然的运气,而是必然的结果,因为"钱万隆人"自钱万隆酱园始创以来的百余年中,一直坚守着"诚信"与"求精"的理念。

　　为了更好地传承我国的"非物质文化遗产",也为了为后人留下历史的记忆,我们编写了《钱万隆酱油酿造技艺》这本书。在编写过程中,我们对钱万隆的百年历程,做了大量的采集,好在钱万隆的名声,在百姓中的印象较为深刻,而且有些文物在有心人的保护下,逃过了"文革"的劫难,所以,还能对钱万隆的百年历程作一个较为客观的描述,这是值得庆幸的。在钱万隆百年历程中,我们看到了钱万隆人的聪明才智,他们使酱油酿造传统技艺迎合于海派饮食文化;他们为酱油酿造传统技艺,注入科学思想的理念;我们看到他们乘着改革开放的春风,找回了消失二十年之久的酱油酿造传统技艺;我们更看到他们在唯利是图的商业环境中,永远坚守着钱万隆"诚信求精"的传统理念,顽强地守护着珍贵的酱油酿造传统技艺。对这些钱万隆的优秀传人,不由我们肃然起敬! 在编写过程中,使我们感悟到,酱油酿造技艺独创于我国,传承与保护她是多么的重要;在编写过程中,我们也为钱万隆的起落同欢同悲,使我们感受到钱万隆在"非物质文化遗产"的传承与保护的道路上,是走得多么的艰辛与坎坷。

虽然我们都怀着一种历史的责任感,但由于水平有限,所以本书难免存在许多不尽人意之处,敬请谅解。如果本书能给读者带来一些感悟与启迪,那是我们最大的欣慰。

我们希望钱万隆人永远坚守"诚信求精"的传统理念,让酱油酿造传统技艺的这一非物质文化遗产,像钱万隆酱园里的百年广玉兰树一样,根深、叶茂、长青、飘香。

(本文系笔者为上海市国家级非物质文化遗产名录项目丛书《钱万隆酱油酿造技艺》一书所写的前言)

钱万隆,舌尖上的"非遗"去哪了?

陈海波[1]

●

我一直十分喜爱青花,青花讲究汾水,钴料与水天衣无缝的配合呈现出各不相同的深浓浅淡,"老有米道"。"老有米道",是一句上海话,直译的话,就是"很有味道"、很入味,再延伸一点,是觉得这件东西有品味、有特色,有内涵、很耐看的意思。

上海人很喜欢用一些和吃有关的词来做形容,比如用"鸡蛋里厢挑骨头"形容找茬,用"空心汤团"形容许诺没有兑现,用"葱头"形容受骗之人,等等。甚至"吃"这个字本身也很常用,比如从事某种职业,就可以用"吃"来形容,银行从业可以称为"吃银行饭"。球场上被裁判员发红牌和黄牌,叫"吃黄牌、吃红

---

[1] 作者为上海市政协常委、文化卫生体育委员会副主任。

三、钱万隆酱园的故事　187

牌"。在社会上朋友多,叫"吃得开",诸如此类的例子,数不胜数。

上海吃菜以浓油赤酱著称,尤其是其中的酱(油),可以说是上海菜的灵魂伴侣。例如,吃炸猪排必然是要沾点辣酱油的,远近闻名的红烧肉更是家家户户的私房菜,想要烧得好,不仅要生抽入味,还要老抽上色,酱油的多少,和水的配比是百家百味的秘方。这样说来,酱油之于烹饪,倒和青花汾水有些相似,也显现出"吃"与艺术的一脉相承。

吃的文化多,文化自然也在吃里。爱酱油的上海,也曾出过一方名酱——诞生于1880年的"钱万隆"牌酱油,而且这也是沪上酿造业唯一的国家级非物质文化遗产。之所以用"曾",是因为现在已无法购买到这款纯手工古法酿造的酱油了。哪怕在时下最"万能"的淘宝,搜索"钱万隆"后,也仅仅跳出2012年出版的一本书《钱万隆酱油酿造技艺》。

2012年,正是钱万隆面临窘境之时。2011年,上海质量监督部门在食品生产企业推行GMP标准,并质疑钱万隆用竹木器具酿造及酿造过程需要日晒夜露存在安全隐患。让人疑惑的是,在3年前的2008年,钱万隆正是凭借以上特色及其纯手工的酱油酿造技艺才入选第二批国家级非物质文化遗产项目。

自创始起,钱万隆伴随上海走过百多年,从清光绪五年在上海南市磨坊弄开设"万隆酱园",到生意兴隆获得当时江、浙两省衙门颁发的、刻有"官酱园"三个金字的青龙招牌;从在浦东张江新设酱园,到创出"晒街油"精品——这种酱油要在大缸内暴晒三个伏天,日晒夜露,翻滚起沫,生产周期长达两年之久,和采取晒煮结合酿造法的"晒卫油"，钱万隆在几代人的努力下走进上海的千家万户，并得到"妙不可言，钱万隆酱油"的口口称赞。

百年传承的老品牌必然经历过岁月磨炼。中华人民共和国成立之初，资金与管理的缺乏令钱万隆群龙无首。所幸，在改为地方国营张江酿造厂后，70年代中期，政府组织老师傅、科技人员进行恢复传统工艺科研攻关，次恢复并创制出具有江南特色和上海特点的"特晒酱油"，这款酱油于1983年3月首次出口国外，开创了上海酱油出口的先河。1984年，酱园改名为上海钱万隆酿造厂，钱万隆与这座城市的情缘也得以续写。

此后钱万隆先后出口20多个国家与地区，产品多次荣获上海市优质产品及中国第一届食品博览会银奖、南极科考队专用产品等荣誉。1993年，国内贸易部授予钱万隆"中华老字号"称号。随着2008年成为全国当时唯一的酿造类非物质文化遗产，钱万隆似乎本应迎来更好的发展，但没有几年光景后，钱万隆便默默的消失了。

悄无声息的离场背后，是深深的无奈与遗憾。因为当时质监部门和GMP标准的要求，因为勒令停产，因为在工业化快速冲击下，耗不起的成本与时间。钱万隆还有很多替代品，它们看起来差不多，色红、酱香浓郁，并非所有人都能了解其中的区别——钱万隆的酱油纯粹以大豆为原料，经18个月晒制而成，不使用任何防腐剂和助鲜剂。

对于产品，防腐剂和助鲜剂自然是越少越好。但对于一个老字号品牌而言,"防腐剂"和"助鲜剂"却很需要,如何为一个非遗品牌防腐助鲜,除了企业本身的努力,也离不开政府的重视与扶持。就像20世纪70年代让这个品牌起死回生、取得佳绩的,正是政府的投入与重视。

可惜的是,当钱万隆再次来到命运的十字路口,它显然没有方向,也并没有人关切挽留。我的面前仿佛能看到这样的场景,"出生"于上海的钱万隆,带着几代人在这座城市的打拼,落寞收场,曾经的辉煌消逝在弹指间,它不得不离开故土,不知道它彼时是否心酸泪落,是否心有不甘。还是遗憾的,尤其对上海,这个十分需要"非遗"与文化品牌的城市。事实上,对任何一个城市,承载了记忆与技艺的"非遗",都不仅仅是产品本身,更是以文化为中心的品牌思维战略和城市文化软实力彰显。

后来钱万隆去了哪里?近年来也偶有关心者悉心探寻,它可能在别的城市依托贴牌延续,也可能仅作为一段历史,寄存在如今张江酱园旧址的那株百年广玉兰中。如今的张江、如今的浦东早已是一幢幢高楼拔地而起。但这片土地的肥沃,绝不仅仅只体现在玻璃幕墙成长的高度上,对于扎根或仍留根在这里的传统文化遗产,政府当浇灌、当挖掘,更当守护。作为社会主义现代化建设引领区,浦东显然仍面临着城市化进程中的许多挑战,钱万隆或许只是这片土地的一位过客,但一位过客也承载着一份梦想、一份憧憬、一种可能,更彰显着这片土地的一种选择。如何平衡现代科技发展与传统文化,土地以及各类资源该如何平衡分配,还需要浦东在高速的发展中慢下来静心思考。

　　钱万隆在哪里？有一天,它会否听到故土的召唤,满载希望地回来？真希望能有这样的一天,时间会证明的,那将是一个值得的、醇香的、崭新的未来。

# 四、浦东的习俗

- 冬至的习俗
- 清明节习俗
- 地藏王菩萨开眼
- 中秋佳节点香斗
- 过年喜闻酒瓵香
- 匆糖与做腊豆腐
- 远去的记忆——宣卷
- 旧时炊具羊角瓶
- 趣说馄饨
- 历史上浦东人的岁时风俗
- 历史上浦东人天象农事的占验

冬至的习俗

●

在我国古代冬至是一个较大的节日,上至朝廷百官,下至黎民百姓,都对它十分重视。据传,冬至在周代被视作新的一年的开始,是个很热闹的日子。汉朝以冬至为"冬节",官府要举行祝贺仪式称为"贺冬",例行放假。《后汉书》中有这样的记载:"冬至前后,君子安身静体,百官绝事,不听政,择吉辰而后省事。"所以这天朝廷上下要放假休息,军队待命,边塞闭关,商贾停业,亲朋各以美食相赠,相互拜访,欢乐地过一个"安身静体"的节日。唐宋时期,冬至是祭天祭祖的日子,皇帝在这天要到郊外举行祭天大典,百姓在这一天要向父母尊长祭拜。清代的《清嘉录》甚至有"冬至大如年"之说。这表明古人对冬至十分重视。在今天江南一带仍有"吃了冬至夜饭长一岁"的说法,俗称"添岁"。

祭祖守亚岁

旧时,冬至节祭祖是仅次于清明节祭扫的习俗,俗称"做冬至",形式上有上坟、斋祭与"守亚岁"。过去的农耕社会因生产力不发达,人们把克服困难的途径,寄希望于外在于人的异己力量(神鬼)。冬至节上坟祭祖,不但包含着对祖先的怀念和崇敬,还带着期望祖宗保佑的色彩。唐镇地区,当年收成好、家庭生活顺畅的人家,就要说些感谢祖宗保佑的话;家境窘迫的人家,就在祖宗面前诉苦。当然,在坟头点燃香蜡烛,供酒食果品,化元宝,挂"长龙钱""长锭",磕头跪拜的程序是少不了的。旧时的殡葬,都是棺木土葬,所谓入土为安,在唐镇地区,有大都在冬至期间进行迁坟、落葬的习俗。

有祠堂的大宗族"做冬至"的斋祭仪式,有时在祠堂内进行"族祭",很是隆重。那些没设祠堂的人家或不进行族祭的时候,就各自在家中举行斋祭。斋祭的仪式基本和清明节相仿,但大都在傍晚开始进行,还要做圆子和馄饨献灶君老爷与家堂祖宗。因"冬至大如年",是"亚岁",所以"做冬至"必须要守夜,称"守亚岁"。守亚岁一般由家中的长者或长子来主持,小辈作陪,其时备些酒食,大家谈论些家事农事,吃吃喝喝到天明。民间有谚语:"冬至夜,有得吃吃一夜,没得吃冻一夜。"有些殷实人家请念宣卷的班子来念一夜,故事曲目有《目连救母》《白蛇传》等。

随着时代的变迁,只有少数上年有亡故之人的人家,才会在冬至祭祀逝者,守亚岁的习俗也已慢慢消失。

圆子·馄饨·冬令进补

吃圆子(汤圆、汤团)是江浙地区冬至节食文化内容。旧时的浦东,在冬至将临之时,家家户户都忙着一桩事——"蹭粉"。就是先将糯米或糯高粱(唐镇人称"栲粟")淘净,浸泡到用手指能捻碎时捞起,沥去水分,稍事晾干后放在一种用脚蹭臼杵的石臼中蹭,反复蹭反复筛,最后蹭成细细的糯米粉或栲粟粉。蹭粉既劳累又费时,不像现在用机器磨粉,五六斤米粉几分钟就完事,而且这蹭粉的石臼不是家家有,只有少数殷实人家具备,这样,好多家人家就聚集在一起,你帮我我帮你,轮流地蹭、轮流地筛,好不热闹。在旧时,圆子是节日小吃,吃圆子是做冬至的主要内容,所以记不住节气的人,只要看到家家都在蹭粉,就知道冬至就要到了。到了冬至日,一般在下午,家家的女眷们开始用蹭好的糯米粉或栲粟粉做圆子了,做馅料、揉粉团,忙得不亦乐乎!圆子有雪白的糯米圆子、紫红色的栲粟圆子,放在一起红红白白很是好看。馅料是很有讲究的,有全肉的、菜肉的、芝麻的、枣泥的、豆沙的、猪油夹沙的、净素的,做多做少凭着各自的需求。有些贫穷人家,因买不起糯米和肉,只能以自家种植的栲粟、青菜、赤豆,做些青菜馅、豆沙馅的栲粟圆子,也能自得其乐。第一锅的圆子是要献给灶君老爷和家堂祖先的,祈求他们保佑全家人团团圆圆、生活甜甜蜜蜜。

馄饨原是古代吴越一带的美食,传说是西施原创,后流传于民间。吃馄饨的原意是吃掉混沌世界,让天下太平,寄托了人们美好的愿望。早在南宋时,临安人就有在冬至日以馄饨祭祀祖先的习俗,后逐渐盛行。

馄饨的制作有多种多样,从形状上来分,有耳朵状的与畚箕状的大馄饨,还有薄皮小馄饨;从馅料上分,有全肉、菜肉、虾仁、蟹粉、肉糜冬瓜、肉糜落苏(茄子)、青菜净素等馄饨。制作各异、鲜香味美的馄饨发展至今,遍布全国各地,成为深受人们喜爱的著名小吃。民间有"冬至馄饨夏至面"之说,所谓"冬至馄饨"指的就是在冬至日做馄饨献灶君与祭祖,以祈求阖家幸福、天下太平。

根据中医理论"春生、夏长、秋收、冬藏"的说法,人们认为,从冬至起到立春是进补的最佳时机,民间有"今年冬令进补,明年三春打虎"之说。根据中医"春夏养阴,秋冬养阳"的进补法则,冬令进补是以壮阳为主。羊肉具有壮阳的功效,冬至以后,浦东地区各集镇上的羊肉馆子,生意就红火起来了。家中养羊的农户,就把羊宰了,做成"羊膏"吃上一冬以此进补。殷实人家,请上郎中按中医辨证方法开上膏方,熬成"膏滋药"进补。此时各集镇的中药店也忙开了,他们不但代客煎熬膏滋药,还自产"十全大补膏""参鹿补膏"等膏滋药。在此时节的人情往来,富裕人家都会买些人参、鹿茸、大补膏等补品相互馈赠。冬令进补,是浦东人民在冬至后的一种保健养生习惯。

数九天与数九歌

自冬至起,气温逐渐下降,气候进入了民间所称的"数九天"。"数九"习俗起源于何时,现在还没有确切的资料。不过,至少在南北朝时已经流行,南朝梁宗懔《荆楚岁时记》中就写道:"俗用冬至日数及九九八十一日,为寒尽。"数九寒天,就是从冬至算起,每九天为一个"九",一直数到九个九天共八十一天。在"三九"前后,地面积蓄的热量最少,是一年中天气最冷的时候,所以说"冷在三九"。"四九"以后气候开始回暖,九九后"九尽桃花开",天气就暖和了。

我们的先人,根据长期的实践经验,创造出许多记叙数九期间寒暖变化规律的"九九歌"(数九歌)。如北方流行的九九民谣:"未从数九先数九,一九二九冰上可行走。三九四九掩门叫黄狗。五九六九开门缩颈走。七九河开,八九雁来。九九又一九,犁牛遍地走。"我国地域广阔,各地"九九歌"不尽相同,但大同小异。在浦东地区民间流行的一首较为通俗的"数九歌"是:"一九二九勿出手。三九四九冰上走。五九六九河边看柳。七九八九赶耕牛。九九春暖花开艳阳天。"此外,还有"头九暖,二九寒,三九冻脱百鸟喙,四九冻来人缩短,五九六九开冻天返暖,……"过去,还曾流行一首古代的"数九歌",十分风趣地描写了古代人们过冬的情形:"一九二九,相唤弗出手(都因怕冷而手缩在棉袍子里);三九二十七,篱头吹筚篥(筚篥音 bì lì,为古代军中的号角。寒风刮在篱笆头上,像吹筚篥一般);四九三十六,夜眠如露宿(睡在被窝里像睡在野地里一样);五九四十五,穷汉街头舞。不要舞,不要舞,还有春寒四十五(穷人衣薄,起舞取暖);六九五十四,苍蝇垛屋嘶(透露出一点暖意了);七九六十三,布袖两肩摊(天暖,厚衣服可以披在肩上了);八九七十二,猫狗躺凉地;九九八十一,穷汉受罪毕,刚要伸脚眠,蚊虫跳蚤出。"歌中描述了在古代社会,穷人过冬尤其受罪。上述种种数九歌谣,在浦东地区有的已不再流传,有的仍在少数老年人中传吟。

  冬至祭祖、守亚岁、吃圆子馄饨、冬令进补、唱数九歌,是浦东地区民俗,也是我国民间节日文化的内容,这些内容包含着孝亲礼祖的传统美德、追求美好生活的愿望、认识自然的智慧,是我们民族精神内涵的一部分。

清明节习俗

●

中国传统的清明节大约始于周代,已有两千五百多年的历史。清明节成为一个扫墓祭祖的节日源自寒食节,因为寒食节与清明节的节气日相接,民间渐渐将两者的习俗融合,到了隋唐时期,清明节和寒食节便逐渐融合为同一个节日,即是今天所说的清明节。清明节的时段,一般在清明节气日的前十天至后十天之间,节气日为正清明。清明节是中华儿女的重要节日,清明节扫墓祭祖、寒食禁火、踏青郊游、植树农事成为中华民族一种固定的节日风俗。

扫墓祭祖

清明节是一个纪念先人的节日。在浦东地区,主要的纪念仪式是扫墓,扫墓是慎终追远、敦亲睦族及行孝礼祖的具体表现。

浦东地区把清明节扫墓祭祖的活动叫作"做清明"。在旧时,一般殷实人家做清明较为隆重,且邀上亲友前来吃饭,叫作"吃清明"。是日,备上丰盛的酒肴(要有几个先人生前喜欢吃的菜肴,如果有吃素的先人,还要有几个素菜)在家举行斋祭祖先的仪式。在祖先神位前摆好筵席后,点烛上香,全家按长序对祖宗神位磕头礼拜;酒过三巡(指给祖先斟酒三次)后,一般在香烛将燃烧完时"化元宝"(即烧纸钱),并在一旁"唱喏"(读音为浦东话的"唱茶",为拱手之意)口念"请老祖宗收用",全家人再次行跪拜礼。斋祭毕,全家人与亲友们共进"清明饭(宴)";饭后,全家并亲友一齐上祖坟祭扫,俗称"挂墓",在坟头摆上糕点果品,点上香烛、燃"纸锭草氅"(一种用小麦秆或稻草秆编织成氅形的容器,内装纸锭),磕头跪拜以示顶礼追思,然后清(扫)除坟墓上及周边的杂草(此即扫墓的本义),插上柳枝(富裕人家栽松柏),在坟头淋上新土,称"淋坟山"。如果在寒食节扫墓,则不能举火,在坟头摆上冷食果品斋祭,不燃香烛纸锭,只在坟头挂上"长锭"及"长龙钱"。浦东地区清明节的时段为节气日的前七天至后八天之间,民间传说,这是阎罗王给众鬼魂放假的时段,俗称"阎罗王放小鬼"。烧纸钱、挂"长锭"及"长龙钱",为的是让在阴曹地府的先人有钱花,生活得好一些。"做清明"的活动一般在前七天内举行——做晚了祖先们的鬼魂要变成"饿煞鬼""讨债鬼"了,不吉利。家中有人在上年清明后故世的人家,必须要在节气日"做正清明",对死去的人来说是"做新清明",还要有哭唱的仪式,称"哭清明"。总之,在旧时代的做清明活动带着浓重的迷信色彩。解放后这种形式逐渐淡化,"文革"期间绝迹,改革开放后,随着一些旧时习俗的恢复,做清明的习俗又开始讲究起来。现在,文明祭祀的形式越来越多的为浦东地区百姓所接受,鲜花祭祀、网上祭祀、烛光祭祀、植树祭祀,设立家庭祭祀角、举行家庭追思会等文明祭祀方式,正在逐渐普及。

寒食禁火

寒食节,又称熟食节、禁烟节、冷节。比较普遍的说法是寒食节源于春秋时代的晋国,是为了纪念晋国大臣介子推而设立的,但并不确切。寒食禁火的时间,史料上有七天、五天、三天等不同说法,后来逐渐改为一天。在浦东地区,人们把寒食节固定在清明节的前一天。

旧时的浦东,每逢"寒食日"这一天,家家户户的屋顶上不见了炊烟,也没有喧闹声,一切是那么的静谧,入晚也不见灯火,人们都早早地入睡,整整一天到处是一片萧瑟的景象。这一天,人们食用的都是在前一天准备好的糕饼、团子等冷食。一般人家会用艾叶或麦叶捣成青汁,并用石灰水固色,将此青汁和上糯米粉做成熟粉团,再用这青色熟粉团包以豆沙或芝麻馅料,做成形似碧玉球、食之清香甜糯的"青团"[浦东人说"青圆子""搅(音'糕')粉圆子"]。还有一种包以糖芝麻馅料、滚上熟黄豆粉,做成形似金球的糯米饭团,叫作"豆黄金团"的冷食,食之有"日(食,沪语"日""食"同音)进万(饭,沪语"万""饭"同音)金"的期望。

随着寒食节融入清明节中,寒食成为清明节的生活内容,所以,浦东地区的百姓把寒食节称为"寒食日"("日"沪语读音同"热"),吃青团变成清明"尝青"的内容。现在寒食禁火的风俗已经绝迹,只有清明吃"青团"及"豆黄金团"习俗尚有流传。

踏青郊游

清明节,民间又叫踏青节,半个月左右的清明期间,正值阳春三月。在这春光明媚、桃红柳绿、百花争艳的时节,正是人们春游(古代叫踏青)的好时候。在这美好的春光下,旧时浦东地区的文人雅士皆赴野外踏青赏春,尽情地沐浴在明媚的春色之中,在这过程中,学生们还可以学到不少自然知识。浦东民间有"春天孩儿面,一日变三变"的谚语,所以,在踏青郊游的明媚春光里,有时也会遇到如唐代诗人杜牧《清明》诗中所描写的"清明时节雨纷纷,路上行人欲断魂"那种特殊境遇。

除踏青郊游外,旧时的浦东地区还有在清明节荡秋千、牵钩(拔河)、放鹞纸(风筝)等习俗。传说,在古代王家港营守的官兵每在清明时节时,与当地百姓进行牵钩比赛,热闹非凡。荡秋千的活动,在各处村落都有所见。在场前屋旁的大槐树或老榆树的粗壮横枝上挂上两条麻绳,在离地面两尺(一尺约33厘米)许,分别绑在两尺左右长坚实的木板两头,就成了一副秋千架。荡秋千是青年男女及孩童们喜爱的户外活动,胆大的小伙子能把秋千荡到半空中,姑娘们可荡得比较优雅,孩童们则在旁边看热闹,等到大人们玩累了,他们才能有机会爬上秋千,但只能扭扭绳蹬蹬腿,前后摇荡就是不行,于是,引来一旁歇息的姑娘小伙们一阵哄笑。放鹞纸是很多浦东人的拿手好戏,那时,有很多制作鹞纸、放飞鹞纸的高手,到了清明时节,都拿出鹞纸来一较高下。那空旷的原野上空,龙鹞、百脚鹞、蝴蝶鹞、老鹰鹞、乌龟鹞等各色五彩缤纷的鹞纸竞相放飞,有的在鹞纸上装有风笛,放飞时从天空中传出悦耳的鸣叫。放鹞纸、荡秋千、牵钩等活动,让浦东大地充溢着勃勃生气。

中华人民共和国成立后,随着社会的进步,人民生活水平的提高,文化生活逐渐丰富多彩。荡秋千、拔河、放鹞纸的风俗,在民间已逐渐淡出了清明节的活动,成为非时令性的体育活动;而春游的风俗,一直沿袭到了现代,幼儿园、中小学的师生们仍然会在清明前后组织春游。

植树农事

清明是我国的二十四节气之一。由于二十四节气比较客观地反映了一年四季气候、物候等方面的变化,所以古代劳动人民用它指导农事活动。《淮南子·天文训》云:"春分后十五日,斗指乙(北斗星的斗柄指向"乙位"),则清明风至。"按《岁时百问》的说法:"万物生长此时,皆清洁而明净,故谓之清明。"清明一到,气温升高,雨量增多,植物种子也在冬眠中苏醒,正是春耕春种的大好时节,植树的成活率高。浦东地区有"清明前后,秧瓜种豆""清明前,瓜菜落苏(茄子)全落齐""种树造林,莫过清明"的农谚。旧时,浦东乡间的百姓在清明时节,不但要去坟头扞插杨柳、栽松柏银杏,而且要在屋前屋后及河岸边扞插杨柳,栽种皂角树、榉树、槐树,还有灌木类的枝杨、槿树。所以那时的农村"高杨树"特别多,果荚可以洗衣服的皂角树也特别多。过去浦东地区百年以上的银杏树有几十株,可惜在"大跃进"年代中被毁,现存不多了。

中华人民共和国成立后,浦东人民响应政府"植树造林,绿化祖国"的号召,在清明前后常有规模较大的群众性植树活动。1979年,第五届全国人大常务委员会第六次会议决定,以3月12日为中国的植树节,但在乡间,还有不少农户保持着在清明节期间,在宅前宅后、河旁路边栽种树木的习惯。

清明作为节日,与纯粹的节气又有所不同。节气是我国气候、物候变化,时令顺序的标志,而节日则包含着一定的风俗活动和某种纪念意义。这个节日,除了有慎终追远的感伤,生离死别的悲酸,还融合了欢乐赏春的气氛和向往生命、崇尚清新明丽的美好愿望。可以说,清明节是一个极富特色的节日。

地藏王菩萨开眼

●

地藏王菩萨(地藏菩萨),梵文名音译为"乞叉底檗婆",他的坐骑名叫"谛听"。由于这位菩萨"安忍不动如大地,静虑深密如秘藏",所以中国人称他为"地藏王菩萨"。他在人间或秽土中救度众生,并发大愿"地狱未空,誓不成佛;众生度尽,方证菩提"。所以他以"大愿菩萨"著称。地藏菩萨提倡孝道,重视超度救济父母。中国人特重孝道,其慎终追远的精神,与地藏法门有所吻合。所以地藏菩萨在中国,受到人们普遍的尊敬,成为中国佛教的四大菩萨之一。新罗国王子金乔觉,在唐高宗永徽四年(公元653年),出家剃发为僧,后在安徽九华山开办道场,于开元十六年(公元729年)七月三十日夜圆寂(此日是地藏王菩萨生日),时年99岁。因其生前笃信地藏菩萨,而且传说其容貌酷似地藏瑞相,人们就认定他是地藏菩萨转世,金乔觉便成为中国的地藏王菩萨,七月三十日便为"金地藏"的成道日,九华山也就被作为地藏王菩萨道场。

旧时的浦东地区百姓普遍信佛,对救度众生的地藏菩萨崇拜有加,每逢农历七月三十日,信佛人家都祝祷地藏王菩萨生日。是日傍晚,各家各户先在门前插上三炷香,燃烛一对,口中念祷地藏王菩萨消灾得福、延年益寿的祈愿。虔诚的佛教信徒还口念《地藏本愿经》曰:"如来慈愍,转大法轮,婆罗门女救慈亲,觉华度迷津,摩耶夫人,请问地藏因。南无大愿地藏王菩萨(三称)……"还以净茶供祀,祈求布施法水,供毕用此水洗眼,据说可眼目清亮。此时,家家户户孩童们最为起劲,帮着大人在自家阶沿下、墙脚边、道路边的泥地上遍插"地藏香"。这插香用的香是不能用线香的,是用一分(约0.33厘米)见方的竹丝为芯做成的"梗香",其1/4处不包香泥的地方涂成紫红色,插在泥地上香不会断掉。有的以梗香密密地插在落苏(茄子)上做成"落苏灯",有的用红纸剪成荷花状的花瓣,贴在碗的四周,碗中间添上食油放上棉线点燃,做成荷花灯,孩子们拿着这些灯相互打趣,在那些玩具匮乏的年代,七月三十夜是孩子们快乐的夜晚。此夜还禁忌在地上倒水,不可随地小便,不可跨地藏香行走。次日凌晨,孩童们早起竞拔香梗,以拔得多为本事大,这"香梗",孩子们还可做"挑香梗"的游戏。

传说,平时地藏王菩萨闭目不开,只有此夕人间插地藏香时,地藏王菩萨才开眼。地藏王菩萨开眼了,才能看到人间的不平事,才能前往救度,这大概是七月三十夜,家家户户在自家屋前屋后插地藏香的缘由吧!

唐镇龚家祠堂的龚姓人家,在七月三十夜插香有着与众不同的独特习俗,人家插香为一穴一支香,而该处龚姓人家插的是一穴两支香。据其族人说,一支为"地藏香",另一支为"九四香"。何谓九四香?"九四"是元末义军群英之一张士诚的小名,张士诚的诞辰亦为七月三十,而张士诚是该地龚姓人的先祖。遵循地藏菩萨提倡孝道的法门,及中华民族慎终追远的传统,他们在插"地藏香"希望地藏王菩萨开眼的同时,再插上一支"九四香",以追念自己的祖先。

(参考资料:《佛教入门》;资料提供者:龚政权)

中秋佳节点香斗

●

　　过去,浦东地区有中秋节点香斗的习俗。这点香斗的"点"为点燃的意思,"香斗"即用"线香"制作成上大下小圆桶状的斗,并在中间装有圆柱状的香塔,再添以饰物的一种中秋节专用的祭祀品。

　　香斗一般由专门的店家制作,香斗的制作结构是用圆形的马粪纸作底,用多层排状的线香做斗壁,大的香斗层数多,小的层数少;香斗斗壁底部周围糊红纱绢和花纸,上口用金纸或花纸黏排状线香,不使松散,外壁一侧有月宫、亭台楼阁的图画作为正面。斗内用木屑填充,中央置有用线香黏扎成的上细下粗的圆柱状香塔,一般为三塔,大的香斗有五塔,三尺多高,有的香塔加入奇南香或檀香,燃烧时香气馥郁,令人心旷神怡。香斗中还插有纸扎的龙门、魁星以及彩色旌旗等装饰物。点燃香斗是从香塔的最高点开始点燃,一层一层燃下来,最后把整个香斗燃完,燃完一个大香斗要七八个小时,小香斗也要两三个小时,当香塔燃完时,必须要把香斗移到阶沿石上,要不然斗体燃烧时会烧坏香案。香斗的规格,最小的是八寸(斗口直径),中型的在一尺二寸,大型的在一尺六寸至一尺八寸且装有五层香塔,再大的两尺以上,装有七层香塔的就须向店家定制。制作这种香斗的,多为前店后坊生产线香的香烛店,因为这种成排的线香、香塔的线香需特别生产,做出的香斗才美观、结实。在解放前有唐望桥镇的徐炳泉香烛店、王家港镇的葛氏香烛店、小湾镇的周氏香烛店、张江镇的石隆昌香烛店等,他们做的香斗都很考究。香斗是一种构思巧妙的工艺品,很是漂亮,那月宫、楼台、龙门、魁星图案饰物,给人以无限的遐想,那花花绿绿的彩旗,增添了节日欢乐的气氛。点燃后,香烟缭绕,给人一种庄重神圣的感觉。

旧时,浦东好多集镇上的商家,每到八月十五,都要买上一个香斗,有的在店堂内,有的在店门口,摆上香案,供上月饼、"花红"(即海棠果)与"红菱"(旧时此时节浦东地区,橘子、苹果、梨等水果尚未上市),点燃香斗。在当时说来,香斗是比较奢侈的祭祀品,价格不菲,有经济实力的大商家,点的是大香斗或者檀香型大香斗;经济实力一般的商家,点中型的香斗比较多;经济条件差的小商店,有的点只小香斗,有的点一股线香将就。这一天,走在街上看去,街面上被香斗装扮得花花绿绿,到处弥漫着馨香的烟雾,好像走进了一个佛国。

在乡间农村的殷实人家,到了中秋节,也都会买个香斗。喜欢讲排场的人家,就买个大香斗,甚至是檀香型或奇南香型的,一般会过日子的人家,就买个中小型的。有些人家虽然贫穷,但敬神之心十分虔诚,也会买个小香斗表心意。点香斗祭天、祭地、祭祖宗的仪式,一般在午前开始至香斗燃完结束,祭祀用的供品多为月饼,也有人家做些"塔饼"的。有些人家还在月亮将升起时点香斗祭月。

　　点香斗的习俗,寄托着人们对天下太平、风调雨顺、五谷丰登、家人团圆、家庭平安等美好事物的渴望。浦东地区中秋节点香斗的习俗,终止于20世纪50年代初。

过年喜闻酒粑香

●

说起"酒粑",现在的年轻人很少懂得了,其实就是现代人所说的"甜酒酿"。在过去的浦东地区,到了将过年的时候,很多人家都会做上一钵头(一种陶瓷的容器)酒粑享用,自得其乐。在寒冷的冬天,这香喷喷、甜津津的酒粑,不但可以煮一锅热腾腾的酒粑汤,一家人喝了暖暖身、御御寒,还可以做成各种可口的糟鱼、糟肉、糟鸡、糟鸭、糟蛋等糟货,以及酒酿糖圆、酒酿饼、酒滚蛋等点心小吃。这些现在看来很普通的糟货小吃,在当时说来已是农家较为奢侈的美食了。

酒粑源自酿酒技术的出现。传说在夏朝(一说是黄帝时期)的杜康,发现存储在陶罐中的剩饭,多日以后变成香醇可口的汁水,并把它命名为酒,从此他悟得做酒的技术传世,后人尊他为做酒的始祖。后来,人们又发现在做酒过程中酒曲(酵母的作用,所以又掌握了制作酒曲(酒药)的方法,发展完善了做酒的技术。在使用酒曲做酒过程中的初发酵期,人们发现其米糟香甜可口,认为这种米糟是生酒之母,这样才有了酒酿("娘"字偏旁从酒字,"酉"旁为酿)之说,后来酿字从名词衍生为动词,做酒也称酿酒。酒酿,在北方有些地区称醪糟,有些地区称赋子酒、江米酒、甜酒。南方地区大都称酒酿、甜酒酿,在浦东地区有酒酿、酒粆、甜酒酿并称的习惯。

做酒粆、酿酒,是我们祖先巧妙地利用微生物为人类服务的一大创造。其酿造原理,用现代生化科学分析来说,在做酒酿的过程中,酒曲中的酵母菌将米饭中固有的少量果糖转化为乙醇(酒精),酒曲中的淀粉酶,将米饭中的淀粉水解为麦芽糖、葡萄糖,这样就成了有酒香味的甜酒酿。如果再继续发酵下去,酵母菌把酒酿中的糖分转化为乙醇,这样,甜酒酿变成老白酒了,其酒酿也不甜了,成为酒糟。如果老白酒染上了醋杆菌后,醋杆菌把老白酒中的乙醇转化为乙酸(即醋酸),老白酒成为酸醋了,这也是酒粆变酸的原因。

做酒粆的操作要求是有点讲究的,在同一个村庄上,用同样的酒药,同样的糯米,煮的是同样的米饭,可是做成的酒粆有的人家甜如蜜,有的人家酸如醋。于是,做不好酒粆的人就责怪自己手气不好,甚至说成是"鬼作怪",其实是由于他们没有掌握做酒粆的要领。这做酒粆的要领,首先是灭菌,要把容器(旧时都用钵头)、工具用开水泡一遍,洗净双手,这样就不会感染杂菌导致酒粆变酸;再者就是温度,煮好的米饭必须降温到40℃以下,也就是不烫手时方可拌入酒药,米饭温度过高会把酒药中的酵母菌烫死。拌好酒药的米饭放入钵头中压实，中间挖个洞穴，以便酒露注入，再在米饭上面淋些冷开水可增加酒露量，但不能过量，过量会影响酵母菌的生长。最后把装好料的钵头盖好盖，在28℃左右环境下保温发酵，在冬天把钵头包在棉花胎中，钵头旁边放个"汤婆子"保温，24—36个小时后，见酒露注满洞穴，就成了香喷喷甜津津的酒酿。

旧时的浦东地区，一年中人们享受甜食的机会不多，就是殷实人家，大都也不会经常买些甜食给孩子们解馋，贫穷人家更不用说了。到了快过年的时候，见家中做酒酿了，孩子们是最高兴的，总是迫不及待地想尝个甜头，常去做上酒酿的钵头旁，闻闻酒酿香味是否有了，一闻到酒酿香，马上兴高采烈地向母亲报告，这时候，做母亲的总是舀上一小碗，让馋急了的孩子先享用，并告诫不能多吃，多吃了会吃醉的。其实为的是省着些吃，因为这一钵头的酒酿，在这新年里要应付好多事。比如，舀一点酒酿作酵母发面，做成酒酿饼献灶，让灶君老爷上天汇报工作时，吃得醉醺醺地，不要说些对自家不利的话；正月初一早上煮一锅酒酿汤圆，全家人吃了，祈望来日一家人的生活永远团团圆圆、甜甜蜜蜜；新年里亲友来往多，用酒酿煮几个"酒滚蛋"待客，也是比较得体的礼节；旧时没有冰箱，鱼肉荤腥难以长期保存，会过日子的人家，就用酒酿做些糟鱼、糟肉，这些糟货吃起来酒香浓郁、味道鲜美，又可长期保存，若亲友突然来访，就可有个荤菜招待客人，不致弄得窘迫无奈而失场面。还有"酒酿烧酥豆"，用酒酿糟制的"腊豆腐"，都是风味独特的美味小菜。这酒粨的用场真多,展现了浦东人勤俭持家的聪明才智。

这酒粨香,香得真好。那时的孩童,现在已是老人,每当回忆童年的往事时,就仿佛闻到那冬日里的酒粨香。

匄糖与做腊豆腐

旧时浦东乡间，到了入冬农闲时，那些勤劳淑慧的农家主妇，常会做些腊肉、腊豆腐、酒酿与匄糖食（匄，聚集的意思。普通话读音 jiū，浦东话读音 qiū）。匄的糖食有芝麻糖、花生糖、米花团、谷花团等。这是人们为改善生活质量、丰富生活情趣的传统习俗。

说起"谷花团"，现在的孩子们已是不知道它是何物，其实它就是用玉米花匄成球形的糖食。现在有些八十岁以上的老人，还能依稀记得孩提时跟着母亲、奶奶一起匄糖的场景。屋外是冰天雪地，母亲和奶奶在厨房里忙得热火朝天，懂事的孩子也会帮上一手，充当"火头军"。匄芝麻糖、花生糖先要把芝麻花生炒熟，熟芝麻要碾碎，熟花生要去衣。匄米花团、谷花团先要爆米花，旧时还没有机器爆米花的时候，这米花是用晒干的米饭放在油锅里炸成的,而且用油必须要用熟猪油,这样米花才能白亮。爆玉米花很是有趣,舀上一碗干玉米放在锅里,灶内的火不能烧得太旺,再用去了籽的高粱穗扎成的掸帚在锅里搅,让玉米均匀受热,不使烤焦,不多一会玉米哗哗卜卜地爆开了花,一小碗的玉米爆成了一大锅的玉米花。这时灶内要马上压火,玉米花要迅速起锅才不会焦煳掉。接下来就要开始"匀糖"了,即用热的糖液将米花、谷花、花生米、芝麻等黏结在一起。所以匀糖的关键是熬糖液,先在锅里放些水,按比例把白糖放入溶解,还要添加些饴糖,这样能使白糖的性质不会还原。待到糖液熬到能拉成丝的时候,表示糖液里的水分已蒸发得差不多了,此时就可把芝麻、花生、米花或玉米花分别放入拌匀,如果匀花生糖、芝麻糖,就把拌好糖液的花生或芝麻,趁热放入木制的方盘中压实压平,在没有完全冷却的时候将它切成块状或片状,待到完全冷却后,就成了香甜松脆的芝麻糖和花生糖了。匀"米花团"和"谷花团"的方法,是趁热抓一把拌好糖液的米花或谷花,用双手把它匀成圆球形,为了防止黏手,手上可沾些水或食油。有些喜欢讲究的人家,在米花团表面粘上些食用红绿丝及糖桂花,红红绿绿很是好看,还有馥郁的桂花香。这样,香甜可口的米花团、谷花团就做成了。这些糖食很容易吸潮还软,所以必须存放在"咣甏"内,才能长期保存。这"咣甏"就是在大甏的底部放入小半甏生石灰,在上面铺层布,把糖食放在上面盖严甏盖,糖食就不会返潮了,这是利用生石灰能吸潮原理的一种土制干燥器,很有效。

  腊豆腐是旧时浦东地区农家比较普遍的佐餐小菜,因为它是在腊月里制作的,所以称"腊豆腐"。那时,到了冬至后,浦东地区各集镇上的豆腐店,都会做些专门用来做腊豆腐的老豆腐,切成一寸见方,以供乡民之需。人们把它买回家后,先码在笼格内,放在暖和的地方让它发霉,待到这些老豆腐长满白毛成为"霉豆腐"后,就把它码在甏里,再把煮好的花椒盐水晾凉后浇入,以浸没霉豆腐为度,然后把甏口封严。这些霉豆腐在甏内通过乳酸菌、酵母菌的作用继续发酵,把霉豆腐中的蛋白质、淀粉、纤维素分解成人体容易吸收的营养物质。约过二三十天后就可开启食用,鲜美的腊豆腐就这样做成了。

在自供自给的农耕社会,社会分工没有像现在那么细化。勤劳聪慧的浦东地区的乡民,承袭着"民以食为天""自己动手、丰衣足食"这些中华民族传统理念,很多农副产品的再加工都是在各自家庭中完成,如纺纱织布、磨面蹭粉、做酱酿酒、腌腊酱菜、做糖食糕点等,而且都已形成了日常生活中的持家习俗。勾糖、做腊豆腐仅是这持家习俗中的一小部分,在浦东这块土地上沿袭了数百年,在计划经济年代,特别是"人民公社"化以后,社会上生产资料、生活资料、主副食品严重匮乏,实行配给制长达二十余年,能吃饱肚子已是不错了,勾糖、做腊豆腐成了人们的奢望。

改革开放以后,我们只用短短的几年,就改观了物资匮乏的局面,如今浦东人民的生活是真正的"丰衣足食"了。随着社会分工的细化,市场上副食品的丰富,人民生活水平、生活质量的提高,家庭中的勾糖、做腊豆腐的习俗,已成为历史的记忆。

远去的记忆——宣卷

●

　　"宣卷",是一种寓教于乐的民间说唱。记得在20世纪50年代初,在浦东地区还有传唱。在旧时文化娱乐活动枯燥的年代,这种宣卷说唱深得乡民们的喜爱,对于现在的老年人来说,已成为远去了的记忆。

　　"宣卷",是"宣唱宝卷"(以"宣唱"的形式,演绎"宝卷"中故事内容)的简称,这种表演形式,浦东的乡民称之为"念宣卷"或"唱宣卷"。"宝卷"是产生于宋代的一种说唱体通俗文学,是由唐代的"变文"(是一种说唱文学)和宋代的和尚说经发展而成。形式以七字句、十字句的韵文为主,以文言夹白话表述的散文。题材多取自佛经故事,发展至明清时期,则多取材于民间故事,丰富了宝卷的曲目题材。这宝卷的曲目有《目连救母宝卷》《观音菩萨应验记宝卷》《陈九仙求子宝卷》《十教训箴言宝卷》

《白蛇传宝卷》《孟姜女寻夫宝卷》《碧玉簪宝卷》《玉蜻蜓宝卷》《吕纯阳三戏白牡丹宝卷》等等，不胜枚举。其思想内容，都是宣扬佛教六道轮回、因果报应的教义，劝导人们崇尚忠孝礼义、弃恶扬善、做个好人、重视自我修养的说教。由此看来，宣卷是弘扬佛教理义的工具，它产生于唐宋年间，距今已有千余年历史，是一种古老的说唱艺术。

"宝卷"是念(唱)宣卷的脚本，其主唱艺人根据宝卷中的故事情节，需要进行临场发挥，而且要故事不离主线、唱词不掉韵脚，俗称"幕表"，为的是使故事内容更为丰富多彩、生动有趣。这表演过程是一个再创作的过程，这需要主唱艺人要具有丰富的生活阅历，广泛的知识面，思维反应敏捷，情感丰富，能将喜、怒、哀、乐表演得淋漓尽致。这念宣卷的班底最少三人，一人主唱，一人二胡伴奏，一人敲木鱼(等于敲脚板掌握节奏)；多则有八九人，一人主唱，其余均是乐队成员，木鱼、杆铃(这两者都是佛教法器)、主二胡、副二胡、琵琶、弦子、月琴、笛子、箫、碰铃等各司其职。乐队成员还有"帮腔"的任务，当主唱人一句唱完后，一起跟着帮一句腔，唱词是"南—无喂"(读音为"拿摩"，节奏为两拍的小帮腔)，当唱完一小段后的帮腔唱词是"南—无喂，阿弥陀佛呀！"(节奏为四拍的大帮腔)乡民们把这种帮腔称为"捉拿摩"。有时候根据宝卷的故事情节需要，由"捉拿摩"的人出演生、旦、丑、末、净的角色，与主唱之人"搭腔"表演，以增添效果。需要着重说明的是，这宣卷班全由男士组成，无女眷。宣卷演唱的曲调有宣卷基本调，还吸收各种民间山歌小调，根据情感需要还有节奏明快的喜调，节奏迟缓、旋律婉约深沉的悲调。各地区的演唱者,根据地区、师传及演唱者音乐素养等的因素差异,演唱这些曲调的风格与韵味不尽相同,各具特色。宣卷对后来"道教唱曲子""卖梨膏糖说唱"(后发展成上海说唱)"滑稽""滩簧""浦东说书"的形成有着重要的影响。

在旧时的浦东地区,逢庙会、宗祠斋祭日、七月半的盂兰盆会、腊八节佛祖释迦牟尼成道日、冬至节等,有时候会请宣卷艺人在庙内或祠堂内念一场宣卷。还有一些殷实人家做寿、待菩萨、小孩做满月等,有时也会在自家的客堂上请一场宣卷来念念。念宣卷时先由宣卷艺人焚香请佛,然后唱四句定场诗,如《家堂宝卷》:"家堂宝卷初展开,诸佛菩萨降凡来;在堂'南无'高声念,消灾延寿福满来。"唱完定场诗以后再开卷演唱开篇,开篇后接着唱正本,曲目由东家指定。那时,只要听说谁家请了念宣卷,都会赶去观听,把人家的客堂挤得水泄不通。

在现在的唐镇新镇村西包家宅,过去有陆金奎、陆金富兄弟俩,传说他们是明代大学者陆深的幼叔陆平的后代,是书香门第出身。陆金富写得一手好字,曾手抄多部宝卷,可惜现在都无留存。兄弟俩笃信佛教,吃常素,所以人称"吃素金奎""吃素金富"。他们在农耕之余,还从事"念宣卷"的行当,兄弟俩都是念宣卷的主唱高手,他们与乡里同道,结成一个宣卷班子,经常在四邻八乡宣唱宝卷,闻名一方。

中华人民共和国成立之初,尽管有乡、县级的文工团送戏下乡,县电影放映队下乡巡回放映,丰富了群众的文化生活,但贴近群众生活的宣卷演唱活动,仍存在于经济落后的乡间。到了农业合作化以后,由于宣卷带着浓重的宗教色彩,加上后继无人,宣卷演唱渐渐消失。

附：关于《十教训箴言宝卷》

《十教训箴言宝卷》,是一个母亲对女儿做人之道的说教,源自民间的"哭嫁歌"。旧时代,女儿出嫁临上轿时,有一种"哭出嫁"的形式,母女惜别,相互哭唱。女儿哭唱感谢父母的养育之恩,表达今日出嫁难舍的情思;母亲哭唱的是叮嘱女儿为人妇、为人媳的做人之道。这种"哭出嫁",旧时在唐镇地区也曾流行。后来,这种"哭嫁歌"的每段起头略作修改后被移植到宣卷中,就产生了《十教训箴言宝卷》。在民国初年产生的《逼蓝衫宝卷》里,就有《十教训箴言宝卷》充实在其中。现收录于下:

十教训箴言宝卷

囡宝贝啊！侬长大起来要出门嫁到夫家去,(小帮腔)
希望侬要敬大人"唠"孝大人;
囡宝贝啊！侬要敬公胜像如来佛,
敬婆好像观世音。(大帮腔)
宝贝啊！"叫"家有大人身安健,
如门前棵大树好遮阴;
孝顺会养孝顺子,
忤逆变养忤逆精！(大帮腔)
勿相信末但看廊檐水,
滴滴答答勿错半毫分。
侬将来要为啦买点大人吃,

灵台上摆样"四献文",

为娘叮嘱侬第一训!(大帮腔)

因宝贝啊!侬长大起来要出门嫁到夫家去,(小帮腔)

希望侬,隔壁邻舍要常亲近;

老古讲,远亲不如近邻好,

急难之中"浪"有帮衬。

邻舍好,好比赇("赇"沪语,拥有的意思)金宝啦,

为娘叮嘱侬第二训!(大帮腔)

因宝贝啊!侬长大起来要出门嫁到夫家去,(小帮腔)

侬清清早晨要"碌"起身,

侬头梳梳"唠"面净净,

退灰刮镬"唠"勤清扫;

侬每人烧粥三把米,

三人烧粥共一升,

多余下来粮食要拨鸡狗吃,

侬休将五谷来作土囤!(大帮腔)

宝贝啊!侬阿晓得,

六月里种田人多辛苦,

作溜溜个白米好比珍珠能,

常言道一粒稻谷要七担水,

溜溜白米似珍宝能。

爱惜粮食要牢牢记,

为娘叮嘱侬第三训！（大帮腔）

囡宝贝啊！侬长大起来要出门嫁到夫家去,（小帮腔）
希望哪丈夫家"个"弟兄道"唠"八姆（妯娌）道，
弟兄和睦要一条心，
八姆道里要亲密，
勿要三兄四弟各条心、
八姆道里有嘴舌。
常言道弟兄道里一条心，
家中泥土会变黄金！（大帮腔）
要是"哪"三兄四弟勿和睦，
八姆道里要寻淘气，
拨勒闲人要好笑啦，
弄得眼泪汪汪生闷气。
常言道篱笆扎扎紧，
野狗钻勿进啦！
为娘叮嘱侬第四训！（大帮腔）

囡宝贝啊！侬长大起来要出门嫁到夫家去,（小帮腔）
侬乐善好施要记在心，
若然有个把穷人"唠"化缘之人前来到，
侬勿要横白竖眼凶来些，
侬晓得,穷人勿会穷到底，
财主人根本勿生根！（大帮腔）

宝贝啊！六十年风水轮流转,(小帮腔)

瓦爿硌砖也有翻身日,

囡龙也会上天庭！

娘要侬乐善好施、扶贫济困牢牢记,

为娘叮嘱侬第五训！（大帮腔）

囡宝贝啊！侬长大起来要出门嫁到夫家去,(小帮腔)

若然是有穷亲眷穷朋友到来临,

侬殷勤招待正该应,

勿要来到厨房间里寻吼势,

板面六孔碰卜刀唠斩砧墩。

侬啊晓得,

待人自待自"唠"薄人自薄自。

待人至诚要牢牢记,

为娘叮嘱侬第六训！（大帮腔）

囡宝贝啊！侬长大起来要出门嫁到夫家去,(小帮腔)

若然侬丈夫出门做生意,

或是走亲眷"唠"会朋友,

侬一定要行李包裹衣裳草纸要备端正,

勿要临到出门不和睦,

往往就要风波生。

囡小姐！夫妻道床上总算夫妻做,

落地好像君子能,

一夜夫妻百夜恩,
百夜夫妻情意深。
侬夫妻相敬要牢牢记,
为娘叮嘱侬第七训!(大帮腔)

囡宝贝啊!侬长大起来要出门嫁到夫家去,(小帮腔)
若然隔壁邻舍弟弟妹妹到来临,
侬总要欢喜点"唠"宝贝点。
侬阿晓得养大个小囡勿容易,
侬甜甜蜜蜜把拉嘴巴浪,
勿要将人家小囡来看轻,
弄送小囡勿作兴!
为娘叮嘱侬第八训!(大帮腔)

囡宝贝啊!侬长大起来要出门嫁到夫家去,(小帮腔)
希望侬勤俭持家要记在心,
纺纱织布要手脚勤。
常言道,手车脚车好比摇钱树,
布机好比聚宝盆
一日之计在于晨,一年之计在于春;
一生之计在于勤,勤勤俭俭过光阴。
特别是,侬自身功课要当心,
侬衣裳着来破点勿要紧,
衣衫要补端正"唠"汰来霎拉清,

勿要弄来"孬孬渐渐"人勿像，
拨拉旁人要看轻，
怪我为娘缺教训。
侬勤俭持家要牢牢记，
为娘叮嘱侬第九训！（大帮腔）

囡囡宝贝啊！侬长大起来要出门嫁到夫家去,（小帮腔）
我千言万语哪里讲得完，
娘搭囡是痛痒相关骨肉情，
最后要叮嘱侬牢记"三宝文"，
"口文"总要侬留谚语，
切勿可拉外头搬嘴巴"唠"嚼舌根；
"手文"总要手脚清爽勿要有贪心，
拾着末事要还人家，
切勿可人家末事当自家；
"身文"侬本来勿出丑，
要防油头光棍滑头麻子将侬招手心，
保重冰洁最要紧。
记住我为娘三宝文十教训，
大小人家走得进，
免得嫁到夫家出骨露丑拨人家来看轻，
怪我为娘少教训，
侬听好我为娘十教训！（大帮腔）

（宣卷艺人张荣祥演唱,奚报国记录整理）

旧时炊具羊角瓶

"羊角瓶",是放在柴灶灶肚(灶膛)内,利用灶肚与柴火余烬热量炖煮食物的炊具。唐镇地区在普遍使用柴灶做饭的年代,每家每户的灶角上都放有一只羊角瓶,因为以前的柴灶有两眼、三眼之分,所以有些大户人家甚至备上两三个羊角瓶。

羊角瓶是一种陶器,因为瓶口两侧有一对弯弯如湖羊(绵羊)角状的把手,所以称其为羊角瓶(见图1)。在古代,这种瓶是用来盛水的。自江南地区出现了上灶掌勺下灶烧火、有灶台面带烟柜排烟入烟囱的灶头后,人们发觉用柴草煮饭的时

图1 羊角瓶

候,灶肚吸收的热量及柴火余烬的热量可以利用,就把能够通过灶门口放入灶肚内的羊角瓶,放在灶肚内的余烬中用来炖煮食物,这种方法逐渐成了江南地区的习俗。后来为适应这种在灶肚内炖煮的方法,人们对羊角瓶进行改进,改进后的羊角瓶大多中间大、两头小,高约六寸(1寸约合3.33厘米),底部直径约三寸半,中上部直径约四寸半,上口直径约三寸,为方便提拿,在一侧有直柄或拉手形弯柄,有的在另一侧装有茶壶嘴,也有没有茶壶嘴的。这种羊角瓶釉色明亮,如褐色和姜黄色等,多数产于宜兴。因为通常没有盖,所以在使用时,用瓷盘或"碗足底"做盖,在旧时的瓷器店、杂货店都有出售。有些殷实人家会在铜匠店定做铜质带盖的羊角瓶,这种瓶比陶瓶传热快,炖煮的效果更好,而且经久耐用。改进后的羊角瓶,均没有了"羊角",但人们仍旧将它称为"羊角瓶","羊角瓶"成为灶肚内炖煮食物的炊具专用名字了。

用羊角瓶在灶肚里炖煮食物,是一种巧妙的方法,尤其是那些难以一时煮烂的食物,用羊角瓶炖煮,其效果真是妙极了!旧时最为常见的是用羊角瓶炖酥豆,先把洗净的黄豆放入羊角瓶,加入适量的水与调味料,擦干瓶身上的水迹待用,当锅中的饭菜一做好,先用火钳将灶肚内的余烬拨向两边,然后将羊角瓶放在中间,再把两边的余烬围在羊角瓶周围压实,待到傍晚做晚饭的时候拿出来,鲜美香酥的"酥豆"就可上桌食用了。这炖好的酥豆可与咸菜一起炒菜吃,还可与酒粕一起炒菜吃,真是别有风味。在炖酥豆的时候,还可加入猪脚爪、蹄髈、鸡头或鸡爪等,鲜的咸的均可,这样炖出的酥豆味道更为鲜美。用羊角瓶还可以在灶肚内炖赤豆汤、绿豆汤、百合汤、山芋汤、芋艿汤、骨头汤、米仁粥、玉米粥、八宝粥、银耳莲子羹、咸肉水笋,等等,凡是在锅灶上需要费时焖煮的食物,用羊角瓶在灶肚内炖煮最为省事。

有些会过日子的人家,如果没有食物可炖的话,在做好午饭后,先煮一瓶开水灌在热水瓶内,以备泡茶之用,再煮一瓶温水饭后洗脸;在做好晚饭后,先煮一瓶开水灌在热水瓶内,再煮一瓶温水洗脸洗脚,在冬天还可以用羊角瓶煮的水冲"汤婆子",放在被窝里取暖,有的人家还用羊角瓶炖猪食,真是把羊角瓶的功能利用到极致。

用羊角瓶在灶肚内炖煮食物的效果,与烧的柴草有很大的关系,要炖煮难以煮烂的食物,烧的柴草必须要硬(如花棋柴、豆棋柴),效果才会好。由于烧软柴(如稻草、麦草)的余烬热量低且不够持久,所以炖煮的效果就差了。烧软柴时,人们会往灶肚内撒上几把"稻麦薀"(纰壳)跟薪火余烬混合,既可提高烧软柴火炖煮的效果,又利用了燃烧能量低的稻麦薀,浦东旧时的人们真会节俭。

在自供自给的农耕时代,羊角瓶一直是浦东人民勤俭过日子的好帮手,在民间曾有一首顺口溜称道:"小小一只羊角瓶,派格用场多来西;家家户户离不了,省柴省事真方便。"到了20世纪70年代,普及了一种吊火低、有炉栅,能吸风助燃的省柴灶,由于这种灶头的灶门、灶肚变小,羊角瓶放不进了,使用羊角瓶的人家也逐渐减少了。到了20世纪90年代,液化气灶普及了,羊角瓶开始退出历史舞台,成为历史的记忆。

(本文由倪根妹、马才根提供资料)

趣 说 馄 饨

●

  馄饨原是江南吴越地区的一种小吃,传说是西施所创,后流传于民间。吃馄饨的原意是吃掉混沌世界,让天下太平,寄托着人们的美好愿望。早在南宋时,临安人就有在冬至时节以馄饨祭祀祖先的风俗,后逐渐盛行在江南地区,民间有"冬至馄饨夏至面"之说。馄饨多种多样,从形状上来分有耳朵状与畚箕状的大馄饨,还有一把捏的薄皮小馄饨;从馅料上分,有全肉、菜肉、虾仁、蟹粉、肉糜冬瓜、肉糜落苏(茄子)、青菜净素等馄饨。制作各异、鲜香味美的馄饨发展至今,遍布全国各地,成为深受人们喜爱的著名小吃。

  馄饨名号繁多,苏、浙、皖等大多数地方称馄饨,湖北称包面,江西称清汤,四川称抄手,新疆称曲曲,等等。广州人也称"馄饨",由于"馄饨"的笔画较多,"云吞"与"馄饨"在广州话中读音一样为"wen tuen",所以很多广州小吃店往往把"馄饨"简写成笔画少的"云吞"。这样就造成了非粤语系地区人们的误解,认为广州人是把馄饨称作"云吞"(yun tun)的,于是某一冷冻食品生产商为了猎奇,把馄饨的产品题名为"云吞",并在电视广告上大呼"yun tun、yun tun"。这样,广州人就看得懂而听不懂了,感到莫名其妙、不可思议。

笔者在改革开放初期,出差到北方的一个城市。肚子饿了,在一个小吃店落座,要了一碗馄饨,服务员端上来放在我面前,一阵清香扑鼻而来,我一看内容物,有绿色的香菜、紫色的紫菜、米黄色的虾米、白色的面片与褐色的肉糜,用调羹把它上下翻了一下,就是不见整只的馄饨,真是一个"混沌世界"。我尝了一口,味道倒是很鲜美,感到它色香味俱全,就是缺少馄饨的形状。于是,我找来服务员询问,他听我口音是南方人,就笑道:"包水饺我们北方人拿手,做馄饨是你们南方人的绝技,这种高难度的技术本小店还没有学会,只能以此杂乱无章的'混沌'将就,请看,我们的价格表上写的就是'混沌汤',抱歉了,请慢用。"服务员一番热情诚恳的解说,使我恍然大悟,我也有幸尝到了馄饨的祖宗"混沌汤"了,为之一笑!

历史上浦东人的岁时风俗

●

正月初一早起正衣冠,拜天地、家庙,谒尊长,长辈给前来磕头拜年的小辈压岁钿。悬挂祖先像,供以果饼,曰斋尊。邻里交贺或各投刺于门,曰拜年。晨食小糖圆,曰甜甜蜜蜜、团团圆圆;午煮塌棵菜粉丝汤作食(塌棵菜谐音"脱苦",粉丝象征长久),曰有好彩头。从初一至初三禁止扫地倒垃圾,以防扫掉、倒掉财运。初五日,商贾家接财神,要用鲜鲤鱼,曰元宝鱼,至暮轰饮,曰吃财神酒。元夕(正月十五元宵节)以荠菜作馅做圆子,燃爆竹以迎灶神;小女子以饭箩蒙帕插花,胜邀紫姑神,问休咎,曰"扛三姑娘"。出门观灯赏月,曰"走三桥",或私摘人家菜叶以拍肩背,曰"拍油虫";各庙前必树塔灯木城,则于杆首两竹分横,悬灯笼十四盏,有多至十八盏者,有的则在旗杆上扯上一串灯笼;在乡间田埂、荒芜之原遍燃枯草,曰"炭茅柴""烧茅荡"。

农人斋祀土地神,祈求有个好收成,口诵"花三担稻六石"的歌谣。还有手执龙灯、兔灯各色灯笼游乡,锣鼓夜喧,至二月始息。

二月十二是花朝(百花生日),花卉树木徧系红绿彩条,以祝繁盛。是月,童子放风鸢(音 yuan 即鹞子)、施筝弦,夜则以灯悬之。

三月,清明节扫墓,以稻草、麦秆编成的"草甏"内置纸锭,至墓前焚烧,或插竹悬纸钱于墓,曰标插又曰挂墓(俗呼呣)亲戚亦以纸钱"草甏"相往来。清明日迎城隍神,至厉坛赈济,仪卫整肃,吏民执香花拥导,以次设行馆于东南北三门内,至晚以华灯导归。七月十五日、十月初一亦如之,名三巡会。

四月,立夏日以金花菜摊栖作食,并食海蛳樱蔗梅笋,说可明目,悬秤称人,说不会疰夏。

五月端午节,吃角黍(粽子)、浮雄黄菖蒲酒;帖门符,置菖蒲艾蓬于家门,房中烟熏艾叶、苍术、雄黄配制成的中药,以驱虫辟邪;小儿以雄黄点额或悬艾虎、蒜头、白煮蛋于胸前,以辟邪。在江河中赛龙舟。

六月六日,赛龙舟盛于端午,舟楫填塞、士女喧闐;本月喜晴,晒书籍衣服免蛀。这月的四日、十四日、二十四日,以面做饼祀灶(献灶),或有用前一日者。

七月七日做茄饼,或剪面片做诸花样,在油锅中煎之,称煎栲;是晚,陈瓜果,女子对月穿针作乞巧会。晦日(三十日)为地藏王菩萨生日,家家户户在门首就地焚香烛,在宅边遍插梗香,剪纸贴碗上做荷花灯,在落苏上插梗香做落苏灯。值大建(有三十的大月)为地藏王开眼。

八月朔日收露水研墨点小儿额,曰天灸。中秋以香斗酬愿,邑庙及东岳庙、观音堂、施相公庙尤盛,庭列两行焚至竟夕,游人众杂同于元宵。二十四日以新秫做粉团祀灶。

九月九日户户食糕,曰重阳糕,并以馈亲戚。

十月朔日祭祀祖先。

十一月冬至节,设馔祭祀祖先,邻里交贺,贫家礼少煞。

十二月初八,以豆糜杂枣栗等煮粥,曰腊八粥。二十三日做圆子祀灶神,曰"送灶";除夕,易茶垒、贴春联,做馄饨食之,曰"包财",向卧床作一二枚曰"包蚤虱";听邻语以卜休咎;燃爆竹以封门待旦,开门亦如之;老幼团坐饮膳,曰"吃年夜饭",竟夕不寐,曰守岁;先几日扫屋尘,供诸神纸马,具牲醴设果饼,以酬卒岁之平安,曰做年事毕、祭先居人。岁祭不论春秋,唯清明、七月、十月、除夕,岁凡四祭,其二至间有不祀者。此岁时之大略也。

(据清光绪《川沙厅志》整理)

历史上浦东人天象农事的占验

历史上,浦东农民观天象占验天气雨晴、农事丰歉,虽带有唯心主义形而上学的色彩,但有些地方还有一定的科学道理,颇有应验。笔者在清光绪《川沙厅志》上看到一些相关记载,现介绍如下。

正月朔日(初一)清晨,占云以赤为旱、黑为水、青为虫、白为兵、黄为丰。有东北风主大熟年成,天气云暗主丰年,有谚语:"年朝黑漉秃,高低乡尽熟。"自夏历元旦至十二日以瓶汲水,每日称其轻重以定每月的水旱,重为水、轻为旱。人日(初六)宜晴主人民安。初八日观参星过月则旱,否则水,又以卜元夕阴晴,有农谚曰:"上八不见参星,月半不点红灯。"元夕观日落时有云无云以占一年的旱涝。又以子时观月影以卜丰稔水旱。其法,立一尺五寸之标杆于地,是夜子时正一刻,候月影据表之长而中分之,影及七寸半者为中正,主当年雨旸以时五谷丰稔,过则多雨水,不及则旱。

二月八日得西风主岁稔。未至惊蛰忌雷,谚曰:"未蛰先蛰,人吃狗食。"花朝日(二月十二)晴天,则主百果成实,谚云:"有利无利且看二月十二。"

三月三日听蛙声,午前鸣者主雨水多,高田有收成,午后鸣者主雨水少低田有收成,唐人诗云:"田家无五行,水旱卜蛙声。"三月十一为麦生日,喜晴。

四月初四为稻生日,喜晴;四月初八夜雨则伤小麦,谚曰:"小麦不怕神与鬼(沪语音"居"),独怕初八夜里雨。"又曰:"四月初八雨,小麦变做鬼。"四月十六日天晴则有雨水,天雨则干旱,夜忌阴黑,谚云:"十六夜里乌鹿秃,西乡村子绕田哭。"四月二十为小分龙日,忌雨。芒种后逢壬为梅,后五日逢壬梅高五尺,后十二日逢壬梅高一丈二尺,后十五日为入时,三日头时,五日中时,七日末时,谚曰:"头时花、二时豆、三时种赤豆。"梅里多西南风则三时多雨,夏至后逢庚出梅,是日有雷为送三时,亦为断梅。谚曰:"雨打黄梅头,四十五日无日头;雨打黄梅脚,井底开麻拆。"既过必有大风,谓"舶𣑯风",俗称超风。

五月初一为"早未"本命日,雨则歉收。是月甲申、乙酉日忌雨,谚曰:"甲申犹自可,乙酉怕杀我。"夏至遇西南风多雨水,谚曰:"夏至西南没小桥。"又畏雷,谚曰:"夏至一声雷,黄梅去又回。"五月二十日为"大分龙",谚曰:"二十分龙廿一雨,破车搁在弄堂里;二十分龙廿一䲉(音"吼"即虹),拔起黄秧就种豆。"此言是雨则水、晴则旱也。前此大雨时行所在必偏,自分龙后,或及或不及,谚曰:"夏雨隔田晴。"

六月忌雨,小暑日打雷主雨水多,谚曰:"小暑一声雷,翻转做黄梅。"三伏中宜热,谚曰:"六月不热,五谷不结。"这一月喜大建,谚曰:"六月小,瓜菜落苏是个宝,六月大,瓜菜落苏铺街路。"暑月日落时云气亘天主旱,谚曰:"青杠白杠,晒杀老蚌。"三伏日朝暮海云层叠,俗称"和尚头云",多则入秋必有飓风。立秋日"虹见名天",收虽稔,亦减分数。忌雷雨,谚曰:"秋字录、损万斛。"又传喜雷,曰:"打破秋胆不做风潮。"秋夜南三面闪电主旱,北则否,谚曰:"南闪千年,北闪眼前。"

七月初三夜月落时无云主棉花熟年,谚曰:"七月初三月下云,十万蒲包九万陈。"言蒲包少用也。七月初七有雨,谓之"斗量花"(意思是棉花只收一斗),是日宜晴,主棉花稔。白露日忌雨,谚曰:"白露日的雨,到一处坏一处。"

八月棉花盛开喜晴,谚曰:"八月棉花白,蛇精独怕龙放形。"中秋月验来岁元夕阴晴,谚曰:"云掩中秋月,雨打上元灯。"秋分在社前谷贱,在社后谷贵。八月二十四为稻菽生日,雨则菽腐,俗云:"上午雨、灶上荒(言米贵);下午雨、灶下荒(言柴贵)。"

重九日晴则一冬少雨。立冬起"五风信",五日一风,有雨名"湿五风"。

十月朔日晴和,则一冬少寒冷。小雪日下雪,兆丰年,则谷贱。

十一月冬至后逢第三戌为腊,腊前得三次雪为"三白",主菜麦熟年,谚曰:"若要麦、见三白。"亦主来岁丰稔。冬至起九,自头九、二九以至九九,皆以九日递析,按其节候以知寒之深浅。

十二月立春主暖,谚曰:"两头夹一春,一冬无被暖烘烘。"凡霜只有一朝者俗称"独脚霜",主雨;霜有花者,曰"毛头霜",主晴。凡冬时朝雾浓则主发风骤寒,谚曰:"三朝雾露发西风。"又曰:"春雾日(读沪音'热')头夏雾雨,秋雾凉风冬雾雪。"有腊雪俗谓明春河豚无毒。除夕喜静,谚曰:"除夜犬不吠,新年无疫疠。"一岁中所占验大略如此。

(据清光绪《川沙厅志》整理)

五、随 笔

- 潮起潮落吕家浜
- 唱响时代主旋律
- 感知炉霍——读《守望故乡》有感
- 桂花咏
- 诗词三首
- 谈谈诗歌的起源、发展与写作
- 家庭酿酒技艺
- 介绍浦东山歌
- 坚定文化自信　浦东山歌唱出时代新声
- 吴敬明的学习事迹

潮起潮落吕家浜

●

吕家浜,东起老护塘边运盐河的王家港,向西流经曹家沟、陆家木行、吕家湾,穿过张江镇,经钓鱼船桥,至牛角尖,接白莲泾通北蔡、六里桥,入黄浦江,横贯浦东腹地。多少年来,吕家浜水随着潮起潮落缓缓流淌。

人的生活离不开水,所以要择水而居。有了吕家浜,才有了吴姓先民开创的吴家园地;有了吴家园地,才有了古桐里;有了古桐里,才有华海堂张氏在此定居创业;有了华海堂张氏,才有了张江栅镇。这历史演变的进程,由吕家浜而始,吕家浜是张江栅镇的母亲河。

在古代乃至改革开放以前公路交通落后的年代,江南水乡的交通运输都以水运为主。吕家浜一直是浦东腹地主要的交通运输水道。吕家浜在潮起潮落中,不但润泽着两岸千顷良田,还担负着城乡交流的重任。数百年来,数不尽的航船在潮起潮落的吕家浜上穿梭而行,为人们带来多彩的生活,张江栅在吕家浜潮起潮落中不断变幻。潮起潮落的吕家浜,见过无数和风吹送中的风帆、夕阳下的"渔舟唱晚";听过无数清晨水桥边的洗刷声、小火轮的汽笛声、夏天丽日下凫水孩童的嬉闹声,风车的吱吱声与牛车戽水的咯咯声。

改革开放的春风吹绿了神州大地,开发浦东的春潮,在吕家浜上涌动,吕家浜两岸景象巨变。那曾经的村野民居,如今已是玫馨苑、丹桂苑、阳光花城、玉兰香苑等现代化居民小区;那曾经的田野阡陌,被用中外科学家名字命名的现代化大道所取代;那曾经散发着油菜花香的田庄,如今已成"硅谷"、"药谷"、集电港、软件园、高校园、科研园。吕家浜水映现着"科学之城"。

随着浦东公路的四通八达,吕家浜不再劳累了!以往泥泞的河堤,如今已换上美丽的新装;曾经的"牵道"上,已绿树成荫、鲜花含笑。今天的吕家浜,东牵远东大道,西连磁浮高铁,向着科学技术的世界之巅豪迈奋进!

唱响时代主旋律

◉

　　老年大学,是我们老年人的最佳课堂,声乐班,是我们一群喜欢唱歌的老年人追寻梦想的乐园。我们在这温馨和谐的乐园中,享受着学习的快乐。

　　我们声乐班的学员,有土生土长的张江人,也有来自全国各地的新张江人,各自从工人、农民、教师、工程师、干部、公安干警等岗位上退休,虽然文化层次不同,但我们在这里和谐相处,认真学习,相互帮助,共同提高。通过学习,我们懂得了合唱是一门追求和谐的艺术,通过学习,我们初步掌握了合唱的声乐技巧,听过我们练唱的朋友们夸道:"你们的声音好优美啊!好像是天籁之音啊!"

　　以前我们张江镇,在浦东新区"中老年合唱比赛"中是没有名次可得的,自从有了老年大学声乐班,通过我们努力学习,在

2007年，我们不但获得了第二名，还获得"浦东新区合唱节"的银奖。在2009年浦东新区"颂祖国、迎世博、唱和谐中老年合唱展演"中，荣获第二名，是唯一两支优秀团队之一，同时，被选送市一级中老年合唱展演，并获得银奖。这些奖项，是我们张江镇老年教育的成果。老年大学帮助我们追寻到了梦想，又超越了梦想。

我们这群老人，虽然从工作岗位上退了休，但是为社会服务的责任心没有退休。我们学习不仅是为了陶怡心身，也是为了提高自身的文化素养，更好地为社会服务。在"共产党员先进性教育"活动中，我们献上一曲《我们共产党人好比种子》，在神圣的党旗下，我们高唱《跟你走，就是跟着太阳走！》；在浦东新区党委举办的"闪闪党徽文艺大篷车巡演"活动中，我们的歌声唱响在四邻乡镇；在"走到一起来"大型文艺演出活动中，我们无比自豪的"张江之歌"，回响在张江的大地上；在抗震救灾的日日夜夜，我们唱着《人在青山在》《孩子啊！别哭》与灾区的乡亲们心相连、手相牵；在敬老院里，有我们敬老爱老的心声；在军营里，我们沐浴着军民鱼水情；在社区里，"大家乐、周周演""欢乐社区、和谐张江"巡演活动中，有我们齐声歌唱。我们歌唱，满怀着对党的热爱；我们歌唱，歌唱春天的故事，歌唱和谐幸福的生活；我们歌唱，歌唱伟大的时代；我们歌唱，满怀豪情唱响时代主旋律！

（本文写于2009年）

感 知 炉 霍
——读《守望故乡》有感

●

"炉霍",对我说来是一个陌生的地名。读了《守望故乡》,我才知道在我国960万平方公里的大地上,在青藏高原的东部,我们熟知的四川甘孜藏族自治州境内,有一方5 796平方公里的神奇净土,叫炉霍。这里曾是康巴地区远古文明的摇篮,这里是石棺文化之王国,这里是藏传佛教的胜地,这里是茶马古道上的驿站,这里是民族文化交融积淀的历史走廊,这里是人与自然和谐相处的"香巴拉"。不由得我对她肃然起敬,更激起我对她无限的神往。

"守望故乡"的作者,满怀着对故乡的热爱,以她女性细腻柔美的情感,如数家珍地为我们描绘她故乡蓝天白云下的青山绿水、神山圣湖、松柏茂林、花海草原、历史遗迹、民俗人文,还有那鲜为人知的故事,把我带进了这个神奇世界。我在这人间仙境里神游,领略寿宁寺、觉日寺、多芒寺等寺庙的佛法庄严,"巴格麻呢石经城"的杰作,感受了藏族文化深厚的内涵。那喀瓦拉翁神山的壮观雄伟、卡萨湖的圣洁、宗塔草原花海的神奇,使我留恋难忘。太阳河、月亮河双双流向鲜水河如双龙戏珠,石棺葬墓群、天象石阵留下难以解读之谜,五万年前古人类的遗迹,是这片净土历史悠远的见证。我走进"甲吉·虾拉沱",这被誉为帝王居住的黄色吉祥沃土上,多种民族、多种信仰和谐共处。炉霍,这里曾留下文成公主入藏的足迹,这里有格萨尔王征战的身影,这里见证着红军长征时和当地居民的鱼水情。我喝着甘甜的圣泉水,倾听着一个个感人的故事,欣赏着优美的锅庄。

突然,我看见蓝天下有一座庄严肃穆的高塔,啊!那是一座地震纪念塔,它记载了 1973 年 2 月 6 日发生在炉霍地区的大地震的悲惨故事,以及炉霍人面对惨烈的灾难那种不屈的精神。地震使美丽的炉霍城变为一片废墟,88 户家庭惨遭灭顶之灾,2 175 条鲜活的生命瞬间离开了人世,2 756 人一生与伤痛相随,多少孩子失去了父母成为孤儿。站在地震纪念塔前,我的心情是沉重的,这样惨烈的大地震,却很少有人知道。2008 年,国内各媒体,在第一时间报道了"5·12 汶川大地震"的消息,并每天滚动报道抗震救灾的过程,让国人与国际大家庭,及时的与灾区同胞"心相连、手相牵",汶川不再像炉霍那样是孤单的。温家宝总理在第一时间深入灾区指挥救灾、慰问受难群众,一声"孩子,你别哭",让我们流下感动的热泪,生动地体现"执政为民"是政府的崇高理念。一个普通老百姓对总理"你要好好工作"

的嘱托,正是代表了全国百姓对政府的信赖与期望。同样发生在四川的两次大地震,时隔30多年,我们的应对能力大大提升,我感到现在的中国人是幸福的。

回眸中我看到重生的炉霍城,是那么的美丽、祥和,如凤凰涅槃,展现着新的活力。我感知"导游"拥塔拉姆的话:"人类的进步和尊重自然的勇气以及与自然共生的智慧将是坚持不懈和永恒的",我想,这也是炉霍人的写照。神游中我感知炉霍的神、奇、美,感知炉霍的悠远文化,感知炉霍人的伤痛,感知炉霍人的真、善、美,感知炉霍人守望家园坚强不屈的勇气。

守望故乡是一种美好的情怀,守望故乡是一种企盼,守望故乡是一种奉献,守望故乡更是一种责任。为了故乡的美好今天与明天,让我们一起守望自己的故乡吧!

(本文写于2008年)

桂　花　咏

●

　　我家屋旁,有几棵桂花树,那金色细小的桂花每年花开花落,为我送来馨香与欣喜。有时我也采集些做成"糖桂花",以在做豆沙馅时添香备用,或是兴趣上来,学着苏东坡做些桂花酒,与友人共酌。近日,我家的桂花又开了!在桂花树下,想起了仁广先生《金桂》中的佳句"金桂飘香分灵感至",顿时诗兴涌动。古体诗规矩多太难做,尝试学着年轻人戏作现代自由诗一首,献给仁广先生与"今日张江"群里的朋友们,感谢你们的作品"在人间弥漫着沁人的芳香""滋润在大地的怀抱里"。

　　在那知秋的时节,
　　你在绿叶丛中绽放出
　　满树金色的小花。
　　没有牡丹的华丽娇艳,

不似荷花的可远观而不可亵玩；

也没有兰花的清高优雅，

更没有梅花的孤芳自赏。

细小的身姿抱团，

便有强大的能量。

人间弥漫着沁人的芳香。

风起了，

摇落一片金星，

掉进在大地的怀抱里。

你的馨香

留在苏轼的酒香里，

也永远留在我记忆里……

注：苏轼善于酿制桂花酒，更作有《桂酒颂》，在序中说："有隐者，以桂酒方授吾，酿成而玉色，香味超然，非人间物也。"

（写于2019年9月8日）

诗 词 三 首

●

凌 波 仙 子
——赠文瑜先生

乱石挤兑碧玉柱,清水愈饥难为苦;

冰肌清癯自珍惜,寒春素姿笑顽奴!

(写于1968年深秋)

按：文瑜先生是个很有文才的老师,是我特别敬重的人。"文革"中,她被诬蔑为反革命分子,下放到新华四队监督劳动。我得知后,赠此小诗,以作宽慰与鼓励。要坚信,严冬的冰雪一定会消融,要像冰肌玉骨的凌波仙子那样,不畏小人算计,珍惜自己,到春天来临的那天,开放出素雅美丽的花儿,嘲笑那些迫害你的顽奴!

注释："凌波仙子"：水仙花的美称。传说水仙花是天上凌波仙子的化身，冰肌玉骨、一尘不染。"碧玉柱"：郭沫若作有《百花齐放》诗集，在《水仙花》中有"碧玉雕成的柱子"句。

莲　藕
——答友人

莲溪净友吾难称，一如莲藕泥满身。
满池混沌险象随，空怀清质潜曲伸。
生身有节实为本，出水无垢方识真。
出淤不染尤可嘉，浊身心洁何人论?!

（写于1968年深秋）

按：1968年秋的某日傍晚，我在张江镇西街上偶遇文瑜先生，得知先生蒙难，在我舅嫂娘家队里"劳动改造"。她赞我"出淤泥而不染"。回家后感慨万千，审视自己，认为我的家庭正直清白，不能以"出于淤泥中的莲花"自比来辱没祖宗。倒像是被混沌的世界堆上满身淤泥的莲藕，常有被乌龟王八侵袭的险象，虽有空怀清质的无奈，却还是顽强地在黑暗中伸展（莲藕多孔，喻为虚怀若谷的清质）；莲藕有节，引申为气节；一旦出水洗净污垢，便能认识到这些污迹不是莲藕自身所有。人们都在赞美莲花的出淤泥而不染，但身浊心洁的莲藕有谁去评说他？于是我聊作七律《莲藕》一首，回答文瑜先生，表明自己的感慨。

注释："莲溪"：北宋著名哲学家周敦颐，号莲溪，著名篇《爱莲说》，有"出淤泥而不染，濯清涟而不妖"的赞语。"净友"：

莲花是周莲溪的净友,所以莲花别称净友。

以上两首小诗,在那个人人自危、令人窒息的年代,如果公之于众、被上纲上线的话,有被当作"反诗"的可能,当有"文字狱"之灾。可当时是托我舅嫂唐秀华传递给文瑜先生,先生阅后肯定销毁。所以此两首诗,天知、地知、我知、先生知。如今,政治清明,莲藕出水无垢了,凌波仙子笑倒了顽奴。我等也已垂暮之年,拿出来品玩,追忆往事,有些意思;如果让后辈们能知道、认识这段历史,那更有意义。

如 梦 令
应景思友

冰天雪地三九,寒气袭人衣透。

醉梦见君愁,梦醒怅然悠悠。

思友!思友!何时外邪驱走?

（写于1969年1月12日的三九天）

今日偶遇文瑜先生,谈起往事,近半个世纪了!她还记得我曾赠诗与她,还能背诵出那些诗句,然后向我索要《凌波仙子》等诗。回家后,即刻抄录在电脑上,并记按语。

（奚保国2016年5月20日晚）

谈谈诗歌的起源、发展与写作

●

改革开放后,社会经济飞速发展,我们浦东率先进入了小康社会。进入21世纪,我们老年人的文化生活更是丰富多彩,有些街镇还办起了诗社,如:书院镇的"书院诗社"、川沙镇的"铁沙诗社"等。令我感到欣喜的是,江枫合唱团里也办起了"江中枫舟诗友会",承蒙吕建振团长的抬爱,邀我到"诗友会"群里走走。因我多年不敢写诗了,只能拿出五十多年前的三首诗词,作为敲门砖,受到诗友们宠爱,感受到诗友会的温暖,在此深表谢意!在群里,我感受到诗友们对诗歌写作的热爱,也领略到写诗高手的风采,甚为感动。

我觉得要写一首好诗是不容易的,尤其是对于初学者来说,所以我们应该大家一起探讨怎么样把诗写好,提高我们的写作水平,这很重要。为此,我对诗歌的起源与发展、诗歌的写作这些感想,与大家交流,希望对大家有所帮助。

一、诗歌的起源与发展

自人类有了交流思想的语言后,就产生了抒发情感的歌谣,可见,诗歌的创作本来始于民间。到了先秦时期,一些有见识的文人,将各国的民间歌谣加以修饰编入《诗经》的"国风"和"小雅"中,就此,民间歌谣成就了诗歌的产生。到了战国时期,出现了以屈原的"离骚"体裁为代表的诗歌,人们将其定名为"骚体诗"(又称"楚骚")。到了汉代,成立了专门采集民间歌谣或文人的诗来配乐的"乐府",一些文人依据民间歌谣的体裁创作了许多"乐府诗",如我们所熟悉的《青青河边草》《涉江采芙蓉》等。现在有《古诗十九首》留存,这是中国古代文人五言诗选辑,由南朝萧统从传世古诗中选录十九首编入《文选》而成。《古诗十九首》也被清代沈德潜编入他的《古诗源》里。"乐府诗"在汉魏六朝时期颇为兴盛,很多乐府诗是由民间歌谣经文人修饰而成,如《清溪小姑曲》《华山畿》等,被称为"乐府双璧"的《木兰辞》《孔雀东南飞》亦是如此。

关于律诗

律诗是我国诗歌发展的诗体产物,属于近体诗范畴,因格律要求非常严格而得名。律诗起源于南朝齐永明时沈约等讲究声律、对仗的新体诗,至初唐沈佺期、宋之问等进一步发展定型,盛行于唐宋时期。律诗在字句、押韵、平仄、对仗各方面都有严格规定。其常见的类型有五言律诗和七言律诗。

关于词

人们常说"唐诗宋词",认为词产生于宋代。其实不然,词始于南北朝时期的南梁,成形于唐代,五代十国时开始兴盛,至宋代达到顶峰。词是一种抒情诗体,是配合音乐可以歌唱的乐府诗,是唐宋时代主要的文学形式之一。唐宋词是中国文学发展的新阶段,是唐宋文学的一个光辉成就。

词在形式上的特点是"调有定格,句有定数,字有定声"。据《旧唐书》上记载:"自开元(唐玄宗年号)以来,歌者杂用胡夷里巷之曲。"由于音乐的广泛流传,当时的都市里有很多以演唱为生的优伶乐师,根据唱词和音乐节拍配合的需要,创作或改编出一些长短句参差的曲词,这便是最早的词了。从敦煌曲子词中也能够看出,民间产生的词比出自文人之笔的词要早几十年。

唐代,民间的词大都反映爱情、相思之类的情感,所以它在文人眼里是不登大雅之堂的,被视为诗余小令,只有注重汲取民歌艺术长处的人才写词。如词风朴素自然、洋溢着浓厚的生活气息的白居易、刘禹锡等人及以脂粉气浓烈、崇尚浓辞艳句而驰名的温庭筠和五代"花间派"。温庭筠,文学史上第一个大力填词的作家,作品存世约七十首,题材狭窄,以绮闺阁为主,风格绮丽婉约,开"词为艳科"的先河,在词发展史上有一定的位置。而南唐李后主被俘虏之后的词作则开拓了一个新的深沉的艺术境界,给后世词人以强烈的感染。到了北宋、南宋时期,有了苏轼、李清照、陆游、辛弃疾等一代词人。

关于竹枝词:竹枝词,是一种诗体,是由民间歌谣的体裁演变过来的。唐代刘禹锡把民间歌谣变成文人的诗体,对后代影响很大。竹枝词在漫长的历史发展中,由于社会历史变迁及作者个人思想情调的影响,大体可分为三种类型:一类是由文人搜集整理保存下来的民间歌谣;一类是由文人吸收、融会竹枝词歌谣的精华而创作出有浓郁民歌色彩的诗歌;一类是借竹枝词格调而写出的七言绝句,这一类文人气较浓。这里引一首刘禹锡的《竹枝词》:

杨柳青青江水平,闻郎江上唱歌声。
东边日出西边雨,道是无晴却有晴。

关于元曲

元曲是盛行于元代的一种文艺形式,包括杂剧和散曲,有时专指杂剧。杂剧,宋代以滑稽搞笑为特点的一种表演形式,元代发展成戏曲形式。每本以四折为主,在开头或折间另加楔子,每折用同宫调、同韵的北曲套曲和宾白组成,如关汉卿的《窦娥冤》等,流行于大都(今北京)一带。明清两代也有杂剧,但每本不限四折。散曲为盛行于元、明、清三代的没有宾白的曲子形式,内容以抒情为主,有小令和散曲两种。

元曲是中华民族文化宝库中的一朵奇葩,它在思想内容和艺术成就上都体现了独有的特色,和唐诗、宋词鼎足并举,是我国文学史上一座重要的里程碑。

我很欣赏元曲四大家(关汉卿、马致远、郑光祖、白朴)中的马致远,他的创作题材宽广、意境高远、形象鲜明、语言优美、音韵和谐,被誉为元散曲中的第一大家、"曲状元"和"秋思之祖"。

下面列了几首马致远的作品。

天净沙·秋思

枯藤老树昏鸦,

小桥流水人家,

古道西风瘦马。

夕阳西下,断肠人在天涯。

(双调)夜行船·秋思

【夜行船】百年光阴如梦蝶,重回首往事堪嗟。今日春来,明朝花谢。急罚盏夜阑灯灭。

【乔木查】想秦宫汉阙,都做了衰草牛羊野。不恁么渔樵无话说。纵荒坟横断碑,不辨龙蛇。

【庆宣和】投至狐踪与兔穴,多少豪杰。鼎足三分半腰折,魏耶,晋耶?

【落梅风】天教你富,莫太奢。无多时好天良夜。看钱儿硬将心似铁,空辜负锦堂风月。

【风入松】眼前红日又西斜,疾似下坡车。晓来清镜添白雪,上床与鞋履相别。莫笑鸠巢计拙,葫芦提一向装呆。

【拨不断】名利竭,是非绝。红尘不向门前惹,绿树偏宜屋角遮,青山正补墙头缺,更那堪竹篱茅舍。

【离亭宴煞】蛩吟罢一觉才宁贴,鸡鸣时万事无休歇。争名利何年是彻?看密匝匝蚁排兵,乱纷纷蜂酿蜜,闹攘攘蝇争血。裴公绿野堂,陶令白莲社。爱秋来时那些:和露摘黄花,带霜烹紫蟹,煮酒烧红叶,想人生有限杯,浑几个重阳节?人问我顽童记者:便北海探吾来,道东篱醉了也。

民间歌谣,成就了《诗经》、骚体诗,成就了汉魏六朝时期的乐府诗的发展,成就了唐诗宋词的文人诗歌体裁;民间歌谣的体裁促成了新诗体"竹枝词"的产生;民间歌谣经民间艺人用于杂剧曲牌,在元代产生了诗歌中的一朵灿烂的花朵——元曲。在历史的进程中,诗歌在发展,形成了多种诗体,这些都是中华民族灿烂的文化宝库中的瑰宝,在世界诗坛独树一帜。

民间歌谣成就了诗歌的诞生,但它是社会底层的民众文化,自唐宋以来,圣贤文化占领主导地位,民间歌谣不得进入主流文化,不见于历史记载。难怪明代文学家冯梦龙说:"叙山歌书契以来,代有歌谣,太史所陈,并称风雅,尚矣!自楚骚唐律,争妍竞畅,而民间性情之响,遂不得列于诗坛,于是别之曰山歌……"

关于新诗(白话诗、现代诗、自由诗)

辛亥革命推翻了封建王朝,建立中华民国后,很多受西方文化影响的学者,发起白话文运动,提倡写文章、诗歌要用让人民大众看得懂的白话文,废止广大民众难以理解的文言文书写。在这一时期,陈独秀、胡适、鲁迅、刘半农等人成为新文化运动的核心人物,这一运动成为五四运动的先导。

1917年2月《新青年》第2卷第6号刊登了胡适的《朋友》《赠朱经农》等8首诗而引起轰动,这是新诗运动中出现的第一批白话新诗,他的《尝试集》(1920年),是我国第一本白话诗集。胡适也成为白话诗第一人。白话诗也叫"现代诗",是一种民国后新兴的诗歌,与古典诗歌相对而言,一般不拘泥格式和韵律,因此,也被称作"自由诗"。

1918年,以刘半农为首的北大教授,为保护民俗文化,发起征集民间歌谣的运动,得到众多社会人士的响应。黄炎培先生受保护民俗文化的感召,将浦东的民间歌谣90首,收录在《川沙县志》的"风俗篇"中,开创了史志编写的先河。从此,民间歌谣开始走进了主流文化。

20世纪30年代后,涌现了一大批优秀的现代诗人,如郭沫若、田汉、艾青、臧克家、光未然、端木蕻良等。他们的很多诗歌还被谱上曲来歌唱。

中华人民共和国成立后,"推陈出新、百花齐放",现代诗得到空前发展。涌现了众多工人诗人、农民诗人,军旅诗人,如工人诗人仇学宝、居有松,农民诗人王老九,军旅诗人郭小川、顾工等。改革开放后,这类诗人更多了。

关于现代诗的流派

新月派:新月派是现代新诗中一个重要的诗歌流派,受泰戈尔《新月集》影响。该诗派的发展大体上可以1927年为界,分为前后两个时期。前期自1926年春始,以北京的《晨报副刊·诗镌》为阵地,主要成员有闻一多、徐志摩、朱湘、饶孟侃、孙大雨等。1927年春,胡适、徐志摩、闻一多、梁实秋等人创办新月书店,次年又创办《新月》月刊,新月派的主要活动地点转移到上海,这是后期新月派。它以《新月》月刊和1930年创刊的《诗刊》季刊为主要阵地,新加入成员有陈梦家、方玮德、卞之琳等。闻一多在《诗的格律》中提出了著名的"三美"主张,即"音乐美

（音节）、绘画美（辞藻）、建筑美（节的匀称和句的均齐）"。

九叶诗派：九叶诗派（中国新诗派）是抗战后期和解放战争时期的一个具有现代主义倾向的诗歌流派。主要成员有辛笛、穆旦、陈敬容、杜运燮等9人。主要刊物有《诗创造》《中国新诗》，九叶诗派在文学观念上首先主张的就是"人的文学""人民的文学"和"生命的文学"的综合。他们既反对逃避现实的唯艺术论，也反对扼杀艺术的唯功利论，而企图在现实和艺术之间求得恰当的平衡。强调反映现实与挖掘内心的统一，诗作视野开阔，具有强烈的时代感、历史感和现实精神。在艺术上，坚持反对浪漫主义诗风，致力于新诗的"现代化"建设和"感受力的革命"，旨在使新诗成为现实，象征和玄学的融会。他们自觉追求现实主义与现代派的结合，注重在诗歌里营造新颖奇特的意象和境界。他们承接了中国新诗现代主义的传统，为新诗的发展做出了贡献。

七月诗派：七月诗派以艾青、田间为先驱诗人，在胡风的理论引导和组织下，聚集了一大批诗歌写作的"初来者"，因《七月》杂志而得名。《希望》《诗垦地》《诗创作》《泥土》《呼吸》等刊物也是他们重要的"半同人杂志"和发表园地。这些青年诗人人数众多、散落各地，其骨干成员有阿垅（陈守梅）、绿原（刘仁甫）、鲁藜、冀汸、芦甸、牛汉（史成汉）、曾卓、邹荻帆、彭燕郊、孙钿、方然、杜谷等，他们的诗作大多先后收集在胡风主编的《七月诗丛》第一、二集和《七月新丛》《七月文丛》的诗集中。

现代诗派：现代诗派是在自由主义文学思潮激荡下，自觉追求"纯诗"艺术美的一个诗歌流派,得名于 1932 年 5 月施蛰存创办的《现代》杂志。这一诗派既受法国象征诗"纯粹诗歌"观念的影响,又与 20 世纪 20 年代以李金发为代表的初期象征诗派的诗美追求一脉相承。施蛰存代表刊物撰写了《创刊宣言》,提出:"《现代》中的诗是诗,而且纯然是现代的诗。它们是现代人在现代生活中所感受到的现代的情绪用现代的辞藻排列的现代的诗形。"代表诗人戴望舒、卞之琳、施蛰存、何其芳、废名、林庚等。

朦胧诗派:20 世纪 70 年代末 80 年代初出现的诗派,其代表人物有北岛、舒婷、顾城(顾工之子)、江河、海子、杨炼等。作为一个创作群体,朦胧诗并没有形成统一的组织形式,也未曾发表宣言,然而却以各自独立又呈现出共性的艺术主张和创作实绩,构成一个"崛起的诗群"。关于朦胧诗曾在当时文坛引起论争,其精神内涵的三个层面:一、揭露黑暗和社会批判;二、在黑暗中寻找光明、反思与探求意识以及浓厚的英雄主义色彩;三、在人道主义基础上建立起来的对"人"的特别关注。朦胧诗改写了以往诗歌单纯描摹"现实"与图解政策的传统模式,把诗歌作为探求人生的重要方式,在哲学意义上达到了前所未有的高度。从某种意义上讲,朦胧诗的崛起,也是中国文学生命之树的崛起。

简文派:最早兴起于 20 世纪 90 年代末,到 2015 年才逐渐成形,是一种新型的网络诗歌文体。简文派承袭新月派的音乐美、绘画美思想,主要讲究行文简短精湛,诗歌注重口语化的表达,神韵自然,因此这一类诗词也叫"口语诗"。早期的代表性文学作品有《观水浒有感》《引力波之歌》,其代表人物有飞莫鱼然、沈鹏等。与朦胧诗相同的是,作为一种新型的创作群体,简文诗并没有形成统一的组织形式,也未曾发表宣言,因此不被外界人士所知晓,至今也不曾引起国际社会任何的论争。简文体的出现,对于现代诗坛的发展建设,起到进一步的促进作用。

二、诗歌的写作

关于写诗,我也没有真才实学,在这里谈谈我以前年轻时代学诗的感想,与大家交流。

写诗修辞的表现手法

像民间歌谣一样,较多采用"赋、比、兴"手法,其中直陈其事叫赋,譬喻叫比,先言他物以引起所咏之物叫兴。

例1:刘禹锡《竹枝词》

杨柳青青江水平,闻郎江上唱歌声;

东边日出西边雨,道是无晴却有晴。

这四句都是直陈其事的赋,但前三句是为后一句做铺垫的,是比兴关系。

例2:郭小川《饮酒歌》

三伏天下雨哟,雷对雷,(比)

朱仙镇交战哟,锤对锤。(比)

今儿晚上哟,咱们杯对杯!(兴)

舒心的酒,千杯不醉,(比)

知心的话,万言不赘。(比)

今儿晚上啊,咱这是瑞雪丰年祝捷的会!(兴)

学诗琐记

语言: 语言是一切文学作品的表达手段。语言没有血肉,诗自然难以活起来。没有生活气息,仅靠辞藻的打扮的语言,就像没有生命的纸花,看来虽有几分姿色,但你嗅不到它的芬芳,望不见它的光泽,也感觉不到它的活力。

概括和细节: 论叙事、描写、说理的本领,诗无论如何比不了小说和散文。写诗,不可能像写小说、散文那样形容极致,刻画无遗。不能用那些不是诗的诗句用来"打杂"。这就要既有高度的概括,又有充分细节的描写。概括不是概念,要靠细节去体现,细节不是点缀,恰是为了概括。因此,问题不在于细节的多寡,而在于细节有无典型性。如表现一座森林,通过苔藓、落叶、经年的枯木等细节,也许能反映出它的风貌。但若一棵树一棵树的去刻画,反而只见树木不见森林了!

自然: 自然看来轻巧,得来却是不易的。诗写得自然熨帖,看似毫不费力,仿佛脱口而出,才是功夫所在。没有下过功夫,没有纯熟,是难以做到自然的。

生活形象: 生活形象,就是作品中的形象思维。有些诗歌它的意境、构思尽管不错,但由于缺少生活形象,读起来让人感到空泛,像一片轻烟薄雾,好似有点气氛,可又抓不住什么。凡是缺少具体的生活形象,只凭借某些抽象的概念或几句时事口号写成的东西,当时也许能勉强读下去,但这种诗歌的寿命,短如马蹄下的火花,一闪即逝。

文学作品是不能离开形象思维的,诗歌更是如此。屈原的

《天问》,全诗就是一百十几个问题,那些问题既充满深远的寓意,又是通过鲜明的形象提出,今天我们读来,还是那么浑厚广阔、瑰丽多姿。倘若没有了形象思维,这些问题都成了枯燥的发问,那将是何等乏味。

从麻到绳:一件作品由素材到成品好似从麻到绳的制作过程。要想制作美观结实的麻绳,先要储备麻,麻要精选,去掉杂质,加工也要精细。麻量充足制长绳,麻量有限制短绳,切忌有限的麻量去制作不精细的长绳,绳虽然长了,但细而无力。这也像一条鱼做一碗汤,味道鲜美、香醇可口,如果做一锅汤,便索然无味了。

感情的沸点:写诗是需要动感情的,一首诗打动人的程度取决于作者在这首诗里注入的感情。因此,没有丰沛的情况下,即便写出了一些东西,往往也像一杯温水,缺乏沁人心脾的力量。

感情是从生活中来,感情的深、浅、浓、淡,取决于作者对生活的态度,在生活中的位置。只有对生活抱着满腔的热情,只有自己就是生活的主人,才能发出强烈的爱憎,才能达到感情的沸点。

好诗,都应有充沛的感情,但表现感情的手法却可因人而异,或含蓄,或暴露,或奔放,或纤秀,这些诗人气质、风格上的差异,并不妨碍诗的感染力。

优秀的诗篇总是反映着现实生活的主流和本质,反映着人民的生活和思想感情。但是,如何突出地、成功地反映这些,如何鲜明地、富有特色地表现现实生活所赋予诗人的强烈的激情,又如何高度概括生活现象、创造典型形象,这取决于抒情诗的构思。

以上是我60多年前在老师指导下学习写诗的笔记,现在拿出来给喜欢学习写诗的朋友们分享。

家庭酿酒技艺

●

家庭酿酒由来已久,可以说,酒的起源是从家庭酿酒开始,然后才成为商品,有了专门造酒的作坊。远离城市的乡村,数千年来,那些勤俭持家的农家,依然保留着家庭酿酒的习惯。

家庭酿酒,在过去自供自给的农耕社会是比较普遍的。一般都是酿制米酒和果酒,爱喝酒的农家,在夏秋时节采集草花制"酒曲",到了秋收后的农闲时节,用自家种的稻米,酿制几缸米酒,也有酿制菊花酒、桂花酒的,在水果成熟的季节,还有酿制果酒的。在牧区有酿制马奶酒的,在藏区有酿制青稞酒的,在云南有酿制芭蕉酒的。所酿的酒,除了自己慢慢享用、自得其乐,还可敬神、祭祖、招待亲朋好友。不善饮酒的人家,在过年的时候,做上一钵头(一种陶瓷容器)甜甜的酒酿(浦东人称酒粞、甜酒酿,北方人称醪糟、赋子酒),过一个甜甜蜜蜜的新年。

从20世纪50年代,粮食配给,没有多余的粮食酿酒,省下些口粮只能做一钵头"酒粞",让孩子们高兴高兴:只有在粮产区的富裕农家,还能享受着家庭酿酒的乐趣。改革开放后,老百姓的生活水平普遍提高,生活节奏加快,社会分工更为细化,米酒、酒粞也商品化了。家庭酿酒逐渐淡出了人们的生活。

家庭酿酒是我国酒文化的一部分,是将要消失的非物质文化遗产。家庭酿酒是一种劳动成果的展现,一种生活的情趣,如今是一种休闲技艺。品尝家酿是一种生活的享受,与亲友小酌是一种乐趣。

(一) 酒的起源

关于我国酒的起源,有很多传说,有说是老天爷传授的,有说是仪狄发明的,有说是杜康发明的,还有说是猴子发明的。由于曹操写了一首《短歌行》,诗中说:"何以解忧?唯有杜康。"现在一般说是杜康发明的,所以尊杜康为酿酒祖师。据史料,早在距今7 000多年新石器时期的"神农时代",已经有酒的存在了,仪狄、杜康都是"夏禹时代"的人,怎么能说是他们发明的呢?只能说他们是酿酒的高手,在酿酒技术的进化中起到关键的作用罢了。

晋代文人江统说酒的成因:"有饭不尽,委之空桑,积郁成味,久蓄气芳,本出于此,不由奇方。"意思是说,人们把吃剩下的饭,倒在树洞内,时间久了就变成芳香的酒,本来就这么回事,不是什么人发明的奇方。这就是说明,酒始自"自然酿制",不是某个人发明的。

人类的许多发明创造，往往是大自然启发、诱导的结果，酒的起源也是如此。人工酿酒是我们的祖先认识自然、利用自然的结果。当初，人类发现并品尝了散发着醇香气味的自然酒后，便觉得它是上天赐予的美味。我们的祖先对自然酿酒这一现象进行了长期的观察、试验。经过无数次的反复，人们才发现含糖类的、甜的东西，经过发酵会变成酒，认识到谷物须糖化再酒化的规律，从而了解了曲蘖的作用，又掌握了制造曲蘖的方法，开始人为地生产曲蘖，有意识地进行人工酿酒。原始的谷物酿酒技术诞生了，酒从自然酿制进化到人工酿制。

在数千年的历史长河中，酿酒技术在不断地改进，创造了糖化和酒化同时进行的"酒曲酿酒法"（复式发酵法），这是我们祖先发现和利用微生物的一大成就，也是对世界酿造技术的一大贡献。这一技术和方法，在相当长的历史时期中，都是世界上独一无二的，后来才传入日本、印度和南洋地区。而西方直至19世纪末，法国人卡尔迈特氏在研究了我国的酒药后，才学会了这一方法，并将其应用于酒精工业中，称之为"淀粉发酵法"。

考古学家在河姆渡文化遗址第二文化层中发现的陶鬶、陶盉、陶杯等酒具。陶器的出现，促进了人工酿酒的进步与酒文化的发展。证明了至少在近6 000年前，我国已开始用谷物酿造酒。

酒的起源，与陶瓷的起源一样，都是我们的祖先认识自然、利用自然的结果，是一代又一代人集体智慧的成果。

（二）米酒的酿制

米酒是用大米做成的，在过去自供自给的农耕社会，米酒流行于农家,自酿自饮。由于用淘米箩过滤米酒,酒液中残存乳白色的酒糟糟浆,使酒液成为米白色,因此浦东地区俗称米酒为老白酒、米白酒。充分沉淀后的米酒酒液是淡黄色的。

酒的主要成分是乙醇,也就是我们常说的酒精。酒精是由糖分通过微生物分解转化而成,这就是生成酒精的原理。因此,酿造物必须含有糖分,才能酿造出酒。酿造物中1%的含糖量可产生0.56度酒精,如酿造物的含糖量为15%,那么它的出酒度为15×0.56=8.4度。

酿造米酒的过程,是一个生物化学反应的过程。首先是酒曲中的淀粉酶,及微生物(主要是米曲霉菌、酵母菌)在生长繁殖活动中分泌出的淀粉酶,将米饭中的淀粉水解为麦芽糖、葡萄糖。这样,米饭就变成我们浦东人所称的"酒粄"(也称酒酿、甜酒酿)。然后是酒曲中的微生物将这些麦芽糖、葡萄糖转化为乙醇,同时这些微生物在生长繁殖活动中分泌出各种酶(蛋白酶、淀粉酶、脂肪酶、氧化酶、纤维素酶)分解转化米饭中的蛋白质、淀粉、脂肪、纤维素、半纤维素,生成多种氨基酸、琥珀酸、多糖及酯类、醇类、酚类、维生素等化合物。

酿制米酒可分两步法,先用大米酿制成含糖分的"酒粄",然后用酒粄酿制米酒。

1. 工艺流程

淘米→煮饭→冷却→拌酒曲→保温发酵→做成酒粄

酒粄→加入糖水→保温发酵→酒糟沉淀后→过滤→分离成酒糟与米酒的酒液。

2. 酿制材料

大米或糯米,酒曲(甜酒药)、水、食糖。

3. 酿制器具

(1)酿制酒粑的容器:陶瓷钵、搪瓷钵、不锈钢盆、不锈钢锅均可。(2)酿酒容器:陶瓷缸、净水桶、大玻璃瓶均可。(3)拌料容器:大号的不锈钢盆、塑料盆均可。(4)碾钵(碾细酒曲用)。

4. 操作过程

第一步,酿制酒粑(甜酒酿)。将大米或糯米淘洗干净,蒸、煮成既不僵又干松的米饭。把米饭盛入大盆内摊开冷却,米饭温度降至不烫手(约30℃)时,拌入碾细的甜酒药(酒曲),拌匀后放入酿制酒粑的容器内,稍加压匀,淋上适量温开水,中间挖一个渐酒露的小穴。盖上盖,在28—32℃环境下发酵,24—36个小时后,见酒露渐满洞穴,就成了香喷喷甜津津的酒粑。

特别注意:(1)酿制酒粑时,双手洗净,所有器具必须用开水烫泡,灭菌消毒,不至杂菌感染使酒酿变酸。(2)酿制环境温度不能高于32℃,温度过高不利米曲霉菌及酵母菌生长,反而有利耐高温杂菌的生长,也会使酒酿变酸。(3)淋水不能过多,一般2千克大米做成的米饭,淋水500毫升左右,过多会影响淀粉酶的活力,影响糖化。

第二步,酿制米酒。煮好糖水,水与糖的配比是:1千克水中加200—300克食糖,冷却至30℃,加入在酒粑中。其配比是:1千克酒粑加糖水3—4千克。将结块的酒粑搅碎后灌入酿酒容器中,不可灌满,只能灌至容器的80%。容器加盖后置放于

28—32℃温度环境下继续发酵。注意：加盖严禁密封，应留有的空隙，能使发酵过程中跑气。约30天左右，待酒糟沉淀后，过滤分离成酒液与酒糟。酒糟不要扔掉，可做糟卤。酒液即是米酒（老白酒），即可饮用，最好再陈化5个月，其味更佳。

分离出的酒糟，加入糖水后可二次酿酒。配比：1千克酒糟加2—3千克水、400—600克食糖。继续发酵，酒糟充分沉淀后过滤，得二次米酒。

5. 工艺解释

加糖。已知酒精是由糖转化而成，加糖的目的是为了提高酒精度。一般人家做米酒为提高酒精度，都是采用添加食用酒精或高度白酒，其好处是生产速度快，但生产的米酒口感差，不宜久存。用加糖法提高酒精度，所酿制的米酒，虽然生产速度慢，其味更为香醇，且宜久存，越陈越香。但一次加糖量不能过高，过高会影响微生物的生长繁殖活动。

陈化。陈化就是"后发酵"。生物化学反应的过程是一个缓慢的过程，是微生物生长繁殖活动分解转化的过程。陈化过程越久，所分解转化的营养物质越全面、丰富，形成了产品的口感丰满醇厚。凡是酿造产品都讲究陈化。陈化的环境温度很重要，一般在15℃左右。

糟卤的制作。糟卤的制作比较简单，就是酒糟加盐水。盐水的配制：1千克饮用水加300克食盐，也可根据个人的口感增加或减少食盐量，煮开后冷却。1千克酒糟加2—3千克盐水的配比混匀，自然温度发酵，也可在28—32℃环境下发酵。酒糟沉淀后虹吸、过滤，得糟卤。

（三）桂花酒、菊花酒、玫瑰酒

桂花酒。早在春秋战国时期，已为古人所饮用。屈原《九歌·东皇太一》中："蕙肴蒸兮兰藉，奠桂酒兮椒浆。"以及《九歌·东君》中："操余弧兮反沦降，援北斗兮酌桂浆。"诗歌中的"桂酒""桂浆"，就是用桂花酿制的桂花酒，古代也叫桂醑、桂花醋、桂浆。古人认为桂为百药之长，所以用桂花酿制的酒能"饮之嘉千岁"。古代，桂花酒是人们敬神祭祖的佳品，祭祖完毕，晚辈向长辈敬此酒，长辈们饮此酒后便会长寿。除此而外，桂花酒还是人们款待宾客的上品。《汉书·礼乐志》说："尊桂酒，宾八乡。"不少封建帝王还将桂花酒作为礼品赏赐给大臣。白居易曾用"绿蚁不香饶桂酒，红樱无色让花钿"的诗句来赞美桂花酒。宋代苏轼自酿桂酒，更作有《桂酒颂》，在序中说："有隐者，以桂酒方授吾，酿成而玉色，香味超然，非人间物也。"

菊花酒。早在春秋战国时期，古人已懂得菊花的药用和食用价值。魏文帝曹丕认为菊花"辅体延年，莫斯之贵"。苏轼也认为菊花的花、叶、根、茎"皆长生药也"。古人认为菊花是经霜不凋之花，所以菊花酒可以抗衰老。《本草纲目》等医书说，菊花有去风、明目、平肝、清热等功效，对老年人的听觉、视觉尤其有益，所以在古代菊花酒备受青睐，是重阳节的必备之物，古人有重阳节饮菊花酒的习俗。

玫瑰酒。据资料介绍，玫瑰花酿酒始自明代。清末，山东济南府平阴城内"积盛和酒坊"酿制的玫瑰酒以味美香甜而闻名。民国时期平阴生产的玫瑰酒，就曾以香气醇正、甘甜可口，先后获德国莱比锡国际博览会金质奖章和奖状、巴拿马国际博览会银质奖章和奖状。长期饮用该酒具有美容、养颜、和血散瘀、清心健脑、滋阴补肾、健脾益胃之功效。

1. 酿制方法

花卉做酒,自明代有了酒精度较高的蒸馏酒以来,一般都是采用萃取法。在20世纪60年代,上海酒厂曾生产桂花酒。因东坡先生赞其"非世间物也",我也"附会风雅",常购来宴请友人品尝,其酒色金黄,桂香浓郁,甘甜可口。一经品尝,便知酒精度大概在40度左右,应是萃取法勾兑而成。那个曾经得过巴拿马博览会银奖的玫瑰酒,虽然没有品尝,因为它的酒精度在55度左右,所以肯定也是萃取勾兑酒。

萃取勾兑法制作花卉酒,速度快,但口感有些暴口,没有酿制的和醇,所以我一直在寻找酿制的方法,可花卉缺乏糖分,酿制不出酒。于是我采用在酿制米酒时,把花卉掺入一起酿制的方法,取得成功。那光景我还庆幸花卉酿酒发明成功呢!后来翻阅资料,无意中发现,西汉时期的刘歆在《西京杂记》中载:"菊花舒时,并采茎叶,杂黍米酿之,至来年九月九日始熟,就饮焉,故谓之菊花酒。"原来古人早在2 000多年前,已经知道用花卉与粮食一起酿制菊花酒、桂花酒了,而且须陈化一年之久。

2. 我酿制花卉酒的过程

采摘桂花、玫瑰花,玫瑰花要用含苞欲放的香水玫瑰或乡间的野玫瑰(野蔷薇花)。采集后在笼屉上蒸软,时间不可太久,见软就可,否则香气会流失过多。蒸软后加入食糖或蜂蜜,做成糖桂花、糖玫瑰待用。菊花可用野菊花、杭菊花,干花、鲜花均可。

在酿制米酒的过程中,加入糖桂花或糖玫瑰一起发酵,加入量是每千克糖水加入糖桂花10—20克,或糖玫瑰100克,或干菊花50克,喜欢香味浓郁可多加些。在桂花、菊花、玫瑰花开放的季节,可将新鲜的桂花、菊花或玫瑰花,直接加入酒粄中酿制。发酵完毕,过滤,即得桂花酒、菊花酒、玫瑰酒。

滤出的酒糟再加糖水,可二次酿酒,配比:1千克酒糟加2千克水、400克食糖。

按同样方法也可做茉莉花酒,但加花量不能太多,太多会造成香气过分浓郁,部分人可能会反胃。

(四)红曲酒的酿制

红曲,又叫红曲米、赤曲、红米、福米,为棕红色至紫红色的米粒。酿制红曲酒的方法和酿制米酒一样,只是在酿酒粄用的酒曲添加红曲。酿成的酒色为紫红色,有消食、活血化瘀、健脾燥胃的功效。

(五)杨梅酒的酿制技艺

杨梅具有生津止渴、和胃消食的功效,对于食后饱胀、饮食不消、胃阴不足、津伤口渴等症有较好的食疗效果;杨梅中还含有一定的抗癌物质,对肿瘤细胞的生长有抑制作用;杨梅对大肠杆菌、痢疾杆菌等细菌有抑制作用,能治痢疾腹痛,对下痢不止者有良效;杨梅含大量的维生素C,不仅直接参与人体糖的代谢和氧化还原过程,增强毛细血管的通透性,还有降血脂,阻止致癌物质在体内合成等功效。杨梅有如此多的养生功效,可是,杨梅难以长期保存,不可能长期食用,只能季节性食用。为达到能长期食用的目的,可把杨梅酿制成杨梅酒,这是一种最佳的方法。

一提起酿制杨梅酒,很多人就会说:"噢!那不是把杨梅浸泡在高度白酒中就成了嘛!"不对,在高度白酒中浸泡是一种萃取法,这不是酿制。萃取法只萃取杨梅中部分物质,其营养成分不全面,口感也差。我说的是酿制杨梅酒,就是用发酵的方法制取杨梅酒。发酵方法就是微生物在生长繁殖活动中,把杨梅中的糖分转化为乙醇(酒精),把杨梅中的含氮物质转化为多种氨基酸,以及维生素、羰基、羧基等化合物。酿制杨梅酒,不但保存下杨梅的有效物质,还增加了人体必需的多种氨基酸。杨梅酒酒味柔和可口、营养丰富,是所有酒品中,养生功能最为全面的美酒。

酿制杨梅酒的方法很简单,杨梅收获的季节正是酿制杨梅酒的好时机,而且气温适宜,可自然温度发酵。

1. 酿制材料

杨梅、食糖。

2. 酿制器具

陶瓷缸、净水桶、大玻璃瓶等容器均可。

3. 操作过程

准备好酿酒容器,将杨梅放入,不能放满,只能放到容器的80%,否则在发酵过程中,内容物体积膨胀,会溢出。再加入食糖,比例为每千克杨梅加糖200—300克。拌匀后放置在凉爽处,容器不可密封,让其自然发酵。发酵过程中,杨梅中的汁液渐渐析出,2周后有酒香味。继续发酵,待杨梅颗粒完全沉淀,就可过滤。过滤出的杨梅颗粒可做蜜饯,是很好的保健食品。滤液即是杨梅酒,可以饮用。最好陈化5个月以上,使品质提高,陈化到只有酸味无甜味时,说明糖完全转化为酒精,就是干红杨梅酒,此时氨基酸量较为全面,营养丰富,是杨梅酒的最佳状态。

葡萄酒和黄酒,常常分为干型酒和甜型酒,在酿酒业中,用"干"表示酒中含糖量低,糖大部分都转化成了酒精。还有一种"半干酒",所含的糖分比"干"酒较高些,糖没有全部转化成酒精,还有半甜酒、浓甜酒。

4. 工艺解释

(1)酿制杨梅酒不用添加酒曲,因为杨梅本身带有酵母菌、米曲霉菌。因此酿酒时杨梅不宜清洗,清洗了反而减少了有益菌增加了杂菌,效果适得其反。

(2)杨梅不可装满容器,只能装到容器的70%—80%,注意容器不可密封,要保持通气。如果用25升容量的净水桶做酿酒容器的话,桶口只需套上一个保鲜袋。如果用10升容量的大玻璃瓶做酿酒容器的话,瓶盖不要旋紧。

(3)酿制杨梅酒不用加水,水分均来自杨梅汁液,所以挑选汁液丰富的杨梅来酿酒,出酒率高。

(4)糖不可多加,糖分过多会影响微生物的生长活力。如果要继续提高酒精浓度,可在陈化过程中,待糖分消耗完了再添加,这叫分次加糖法。

（5）酿制杨梅酒一般在夏天,要注意环境温度不要超过32℃,否则有益菌活力减弱,杂菌活力增强,影响酒品质量。

（6）杨梅酒不宜热饮,加热会杀死酒中的有益微生物,起不到保健作用。

5. 杨梅蜜饯的制作

将过滤出的杨梅颗粒,摊平在盘子里,放在阳光下暴晒,注意不要让苍蝇叮。稍作干燥后拌入食糖(1千克杨梅加糖300克),无暴晒条件可直接拌糖。拌好后装在大口瓶中,压实盖紧,可放在冰箱冷藏室保存。

（六）葡萄酒的酿制

葡萄酒的酿制源自西域,后传入中国。西汉建元三年(公元前138年)张骞奉汉武帝之命出使西域,带回了葡萄种子。《史记·大宛列传》记载:"宛左右以蒲陶为酒,富人藏酒万余石,久者数十岁不败。俗嗜酒,马嗜苜蓿,汉使取其实来,于是天子始种苜蓿、蒲陶肥饶地。"西汉中期,中原地区的农民已将欧亚种葡萄引进中原并学会了酿造技艺,中国有人酿制葡萄酒了。三国时期的魏文帝曹丕曾经盛赞葡萄和葡萄酒:"且设葡萄解酒,宿醒掩露而食。甘而不涩,酸而不脆,冷而不寒,味长汁多,除烦解悁。又酿以为酒,甘于曲米,善醉而易醒,道之固以流涎咽唾,况亲食之耶!"(《凉州葡萄诏》)唐太宗李世民不仅十分喜爱饮用葡萄酒,而且还亲自督造。至唐时,人们对葡萄和葡萄酒的特性,已认识得非常清楚了,只是葡萄酒仅限于贵族饮用,平民百姓是绝无此口福的。

葡萄酒含有较多的糖分、矿物质、氨基酸、维生素等营养成分。《本草纲目》将葡萄酒列为补酒,认为它有"暖腰肾、驻颜色、耐寒"的功效。元代饮膳太医忽思慧在《饮膳正要》中称它"益气调中,耐饥强志"。明代戏曲作家高濂在《遵生八笺》中也将它列为"养生酒"。现代科学研究发现,红葡萄酒中的番茄红素有抗氧化作用,能提高人体的免疫功能,其中的氨基酸有降血脂、降胆固醇、软化血管的功效,适量饮用葡萄酒好处多多。

酿制方法

葡萄有鲜食葡萄和酿酒葡萄之分,鲜食葡萄的含糖量较低,酿酒葡萄颗粒小、含糖量高,又有紫黑色葡萄与青绿色葡萄之分。紫黑色葡萄用整果酿制红葡萄酒,青绿色葡萄可榨汁酿制白葡萄酒。因其含糖量高,酿制时可不加糖或少加糖。上海地区没有酿酒葡萄,可用鲜食葡萄来酿制。最好挑选深紫色的,因为它果皮中番茄红素含量较高,可酿制红葡萄酒。酿酒的葡萄不用水洗,它表面的白色粉状物不是农药,是保护果实的果粉,果粉中有有益微生物,洗掉可惜。

酿制程序和酿制杨梅酒一样,所不同的是杨梅不用破碎,葡萄可破碎。破碎后灌入酿酒容器内,不可灌满!再加食糖,拌匀后不可密封!常温发酵。发酵过程中,在表面长有白毛,这是米曲霉菌的菌丝体,不是变质。可进行搅拌,达到充氧的效果。待葡萄渣沉淀后即可过滤。得葡萄酒,再陈化。

(七)桑葚酒、草莓酒、沙棘酒的酿制

桑葚含有丰富的活性蛋白、维生素、氨基酸、胡萝卜素、矿物质等成分,既可鲜食,又可入药。中医认为桑葚子味甘酸,性微寒,入心、肝、肾经具有补血滋阴,生津止渴,润肠燥等功效。

常吃桑葚能显著提高人体免疫力,具有延缓衰老,美容养颜的功效。桑葚生长时为青绿色,渐渐变为橙红,成年的由朱红变为紫黑。一般黑桑葚酿酒最佳。

草莓性味甘、凉,入脾、胃、肺经,有润肺生津、健脾和胃、利尿消肿、解热祛暑之功,适用于肺热咳嗽、食欲不振、小便短少、暑热烦渴等。草莓,一般人群均可食用,风热咳嗽、咽喉肿痛、声音嘶哑者,夏季烦热口干或腹泻拉稀者、癌症,特别是鼻咽癌、肺癌、扁桃体癌、喉癌患者尤宜食用。痰湿内盛、肠滑便泻者、尿路结石病人不宜多食。草莓酒是很好的养生酒。

沙棘果,产河北、内蒙古、山西、陕西、甘肃、青海、四川西部。常生于海拔800—3 600米温带地区向阳的山脊、谷地、干涸河床地或山坡,砾石、沙质或黄土地带,在中国黄土高原极为普遍。沙棘果的营养价值很高,富含脂肪、蛋白质、糖类、盐类和维生素。适量饮用沙棘酒,壮身健体,延年益寿。

1. 酿制方法

但凡浆果,均可酿酒。桑葚、草莓酿酒方法,与酿制杨梅酒、葡萄酒的方法相同。先把桑葚或草莓放入酿酒容器(桑葚、草莓不用水洗,果蒂不用摘去)中再加糖,每千克加糖200—300克,拌匀后常温发酵,待果汁析出、果渣沉淀后过滤,得桑葚酒、草莓酒。沙棘果酿酒则稍有区别,须先把沙棘果破碎,每千克沙棘果加灭菌水1千克,加食糖600克,再加酒曲100克,拌匀后灌入酿酒容器中,不可灌满,占容器的80%,盖上盖,不可密封。

在 25—30℃ 的环境温度下发酵。20 天后过滤,得沙棘酒。再陈化 5 个月以上,即可饮用。也可发酵 20 天后不过滤,直接在常温中发酵陈化,5—6 个月后过滤,即可饮用。

2. 工艺解释

(1) 沙棘果大都产于西北地区,气候干燥,空气中微生物也稀缺,所以必须添加酒曲,酒曲也可用红曲。

(2) 沙棘果酸度大、果汁少、含糖量低,所以适量加水、加糖。

(3) 按此法,也可酿制枸杞酒。

介绍浦东山歌

●

关于山歌

"山歌",是民间歌谣的俗称。在过去的农耕社会,凡是有人群居住的地方,都会有山歌声。人们用唱山歌来抒发情感,自娱自乐,表达对美好生活的向往。人们自编自唱,诉说生活的感受,喜怒哀乐尽在其中,唱山歌是农耕社会中不可或缺的生活情趣。

山歌是一种社会下层的"民众文化",旧时的主流文化认为山歌是低俗之声,不登大雅之堂,通常也认可"山歌"这带着神圣、崇高色彩的名词,所以在历代文人笔下少有"山歌",但多的是历代文人根据山歌体裁演变成的文人诗体"竹枝词"。

明代文学家、戏曲家冯梦龙,他曾收集吴中歌谣编辑成书,书名《山歌》。这是我所知历代文学作品首次出现"山歌"一词。

他还在序中说:"书契以来,代有歌谣,太史所陈,并称风雅,尚矣!自楚骚唐律,争妍竞畅,而民间性情之响,遂不得列于诗坛,于是别之曰山歌。"可见"山歌"一词自古有之,表达了神圣、崇高的"民间性情之响"。20世纪20年代以后,将民间歌谣普遍称为"民歌""民谣",所以"山歌""民歌""歌谣"都是一个含义。

浦东山歌的起源

浦东的成陆较晚,从唐宋年代开始才有大量移民在此开垦荒滩草荡,在这片处女地上建设自己新的家园。因为唱山歌是人们不可或缺的生活情趣,也开始形成了具有浦东语言特色的"东乡山歌",就是现在的"浦东山歌",口口相传,流传至今。浦东山歌是传统民俗文化,它的韵文是一种民间口头文学,其曲调是一种民间音乐,唱山歌也是一种民俗风情。

"浦东山歌"是"吴歌"的一脉支流,"吴歌"又称"吴歌杂曲"或"吴声杂曲"。据史学家王运熙先生考证,产生于江南吴语地区的"吴声杂曲"是我国最早音乐般歌唱的"乐歌",有了"吴歌"才产生了荆楚地区的"西曲"。南朝梁代(502—557),文学家、史学家沈约编撰的《宋书·乐志》载:"吴歌杂曲,并出江东,晋宋以来,稍有增广。"唐代贞观年(627—649)房玄龄等人编撰的《晋书·乐志》载:"吴声杂曲,并出江南,东晋以来,稍有增广。其始皆徒歌,既而被之管弦。"意思是说,"乐歌"首先出现在江南,南朝时代广为流传。开始都是只有人声而无八音的"徒歌",后来配以乐曲。这也说明了我国的"乐歌"在吴语地区由"徒歌"进化而来,可见"吴歌"的源远流长。

浦东是一个移民地区,也是接受西方文化与科学技术最早的地区,所以,这里民歌的曲调,具有包容四海的海派特征。

浦东地区山歌的历史记载

"山歌"是民间口头文学与民间音乐的结合体,是我国最早的歌曲。浦东山歌在民国前没有文献记载。20世纪20年代初,为传承民俗文化,北大教授刘半农等人发起征集民间歌谣运动。1935年,黄炎培先生受"保护传统民俗文化"思想的启迪,在他主编的《川沙县志》中收录了浦东民间歌谣90首。黄炎培先生在山歌的史志记载上,开了历史的先河,难能可贵。可惜的是,都是文字记载,没有曲谱记录。

中华人民共和国成立后,把民俗文化的保护与传承推向了热潮。全国各地的民间故事、民间音乐、民间歌曲,在各类杂志上涌现。20世纪50年代末、60年代初,上海的音乐工作者们经常下乡采风,各郊县的民歌经常在音乐杂志《上海歌声》上发表。20世纪60年代初,上海市音乐家协会组织音乐工作者在川沙地区采集民歌,由川沙文化馆整理成《川沙民歌集》(油印本),从此有曲谱的浦东山歌开始露脸了,可惜的是没有公开出版。经过"文革",川沙文化馆保存的《川沙民歌集》已不知去向了。只有廖一鸣记谱编曲的《答歌》、陈应时收集整理的《长工苦》、谭蜜子由《网船阿姐》改编的轻音乐独唱曲《网鱼姑娘》,曾在《上海歌声》发表,为后人留下些许宝贵的民间音乐资料。"文革"结束后的1986年,上海群众艺术馆曾发起征集民歌的活动,浦东地区的川沙县文化馆与南汇县文化馆都参与征集,并编辑《民歌集成》，但只是束之高阁，作为历史资料保存，没有面向群众，也少有人关心、传承。

上海"浦东山歌"的传承

20世纪50年代末至60年代初，上海各级文化部门将民俗文化的保护与传承工作做得有声有色。不但在老山歌的采集上下功夫，还创作了很多富有时代气息的新山歌。1959年，当时浦东县文化馆编创的《人民公社斜斜好》轰动了全市，许赵根编的《四员小唱》，还在电台教唱，顿时到处传唱，走在路上都能听到"叫么叫来高兴，心里想想开心，越叫越高兴呀，越想越开心呀！"的歌声。后来由陈树忠作词、许赵根作曲的浦东山歌《六样机》，由南汇县文化馆编排成表演唱，表演得妙趣横生，唱到了中南海，风靡了全国。还有上海广播乐团编创、演唱了很多新山歌，有《我是一个饲养员》《蔬菜大丰收》《耕牛是个宝》等。由陈克作词、邓尔惕作曲的《社员挑河泥》唱响了全市，很多人到现在还记忆犹新。2004年，金桥镇合唱团把它改了歌词编成合唱曲《田园号子》，得到市领导的肯定，唱到了大剧院。

在那个时代，上海市群众艺术馆每年都搞交流演出，都是上海民俗文化特色的节目。川沙县文化馆歌咏队演出的都是川沙民歌，有《答歌》（问答山歌）、《闹元宵》、《长短山歌》、《丰收谣》等。《丰收谣》是上海群众艺术馆邹群老师写的新山歌。1962年春，"答歌"应上海人民广播电台之邀录音，在农村广播节目播放，浦东山歌首次成为电台广播节目。1963年春，上海市文化局举办"上海群众歌咏大会"，川沙县文化馆歌咏队应邀参加,演唱《养猪山歌》《丰收谣》,浦东山歌不但在民间传唱,还登上了大雅之堂,多次唱响在市级的舞台上。

正当民俗文化的保护、传承方兴未艾的时候,"文革"来了,到处是"造反歌""语录歌"。浦东山歌在浦东人的生活中开始消失,时间长达近半个世纪,年轻人不知道有浦东山歌,老年人的记忆也模糊了。很庆幸,如今"浦东山歌"已列入"上海市非物质文化遗产保护名录"。但是,要让浦东山歌重新走进浦东人的生活中,还有漫长的路要走。

浦东山歌的类型介绍

"浦东山歌"可以分为"劳作类""情致类""习俗类""生活类"及"小囡山歌"(童谣类),下面我来简单介绍一下。

"劳作类山歌"如《踏车山歌》《莳秧山歌》等,这些山歌表达了在生产力落后的年代,期望收成好的心情和农民与自然抗争的无奈。这些山歌有时在劳作时歌唱,但多为休闲娱乐时歌唱。还有《打夯歌》,是一种劳动号子,在劳作时唱,起到协调步调的作用,不是休闲娱乐时唱的。

"情致类山歌"确实有一部分是比较庸俗下流的糟粕,但健康向上的也有很多,如:《郎唱山歌像铜铃》《十只花箍》《姐搭情郎隔顶桥》《六条汗巾》等等。在旧社会,青年人的恋爱、婚姻是没有自由的,都是父母之命、媒妁之言。这些山歌表达了青年人对婚姻自由的向往,是向封建礼教抗争的声音。

"习俗类山歌"有《上梁歌》《哭嫁歌》《哭丧歌》,这种山歌只能在上梁、出嫁、丧事等特定场景里唱,在平常休闲余兴时是不能唱的。

"小囡山歌"有《鸡鸡斗共共飞》《外婆桥》《骑马郎郎郎》等很多。它是旧时浦东人童年时代不可缺少的情趣。当他们在襁褓里的时候，母亲会唱着"昂昂咾宝贝咾"的摇篮曲哄你睡觉，当他们学说话的时候，母亲会教他们"鸡鸡斗、共共飞"，还有"摇啊摇，摇啊摇，一摇摇到外婆桥"，当他们会走路的时候，会骑着竹马唱起"郎郎郎、郎郎郎、骑马到松江"。1950年代以前出生的浦东人，是否能找回童年的回忆？

"生活类山歌"比较经典的有《十二月花名》——一首知识性的山歌，介绍十二个月里的代表性花名。《问答山歌》是一首猜谜一样的对山歌，也有一定的知识性。《逢熟吃熟真开心》表达了农民享受自己的劳动成果，自得其乐的心情。《九行十八镇》是一首历史知识性的山歌，唱的是九种行业十八个地区的有名特产。《春牛歌》是古代立春时节迎春活动的山歌。《穷人四季山歌》是诉述穷人的悲苦的山歌。《十二月生肖名》《十二月鸟名》都是趣味性的山歌。生活类山歌在浦东山歌中最为丰富，不是一篇文章能讲得完的。浦东山歌的类型介绍就到这里。

为保护与传承，一起唱响浦东山歌

"浦东山歌"是我们浦东民俗文化中的瑰宝，是生活在浦东这块土地上的人们共同的"非物质文化遗产"。它有着一千多年的传承，自从"文革"开始后，中断了半个世纪的传承。以前很多老一辈的传唱能手，都已作古，现在七八十岁的人，会唱山歌的也是凤毛麟角。所以，要传承它，就要重新认识它、了解它、学习它。它是"大众民俗文化",是要靠大家共同参与的。因此需要培养一大批传承人,才能有效地普及浦东山歌,让我们一起把浦东山歌唱响在浦东大地！让浦东山歌重新回到浦东人的生活中。

[本文系笔者参加2016年度浦东新区社区学院(老年)教育"魅力课堂"教育教学展示活动时的课程讲稿]

坚定文化自信　浦东山歌唱出时代新声

●

"浦东山歌"是根植于浦东人生活的民间文艺,是中华传统文化的一脉支流,是浦东民俗文化中的瑰宝。明代通俗文学家冯梦龙说,山歌是"民间性情之响",这种文艺形式贴近乡间民众的生活,唱出了民众的心声。"文革"中的"破四旧",把我国优秀的传统文化弄得支离破碎,浦东山歌更是遭到大难,在浦东人的生活中消失了近半个世纪,弄得年轻人不知道浦东有山歌。进入21世纪,党与政府对非物质文化遗产的保护与传承非常重视,浦东山歌终于重见天日。如今,浦东山歌已列入上海市与浦东新区的非物质文化遗产保护名录。现在,对于浦东山歌的保护与传承,我们应该怎样来实施,这是摆在我们面前的重要课题。

习近平总书记在全国文艺工作座谈会上的讲话指出:"传

承中华文化,绝不是简单复古,也不是盲目排外,而是古为今用、洋为中用,辩证取舍、推陈出新,摒弃消极因素,继承积极思想,'以古人之规矩,开自己之生面',实现中华文化的创造性转化和创新性发展。"[1]他还说:"中华文化既坚守本根又不断与时俱进,使中华民族保持了坚定的民族自信和强大的修复能力,培育了共同的情感和价值、共同的理想和精神。……文艺是时代前进的号角,最能代表一个时代的风貌,最能引领一个时代的风气。"[2]在每个历史时期,都有反映时代风貌的浦东山歌。在农耕时代有表达勤劳的农民自得其乐心情的《逢熟吃熟真开心》;在清代末年有数说浦东特产"浦东黄鱼蜡板黄""横沔六灶乌壮蟹""三林塘标布进京城""水红菱出在周家大水桥""芦花蒲鞋出在张江栅"等的《九行十八镇》;在抗日战争时期,有《东洋乌龟真可恶》《买只飞机来打东洋》等;在土地改革中有《啥人养活仔啥人》,颁布"新婚姻法"时有《养媳妇翻身》等。到了20世纪50年代中期至60年代中期,新的浦东山歌更多了,现在很多老年人都还记得《耕牛是个宝》《蔬菜大丰收》《六样机》《社员挑河泥》等。在那时,不管是专业的、业余的文学工作者及音乐工作者,都参与其中。在那段时期,由当时张江公社团结大队党支部书记李贵斌作词、周国平老师作曲的《好姑娘》,唱到了上海市群众文艺舞台上,拿了"优秀创作奖"和"优秀演出奖",演出照片还登载在《上海歌声》杂志上。综上所述,浦东山歌在历史发展上,确如习近平总书记所说:"以古人之规矩,开自己之生

---

[1][2] 习近平:《习近平在文艺工作座谈会上的讲话》,《人民日报》2015年10月15日,第2版。

面""既坚守本根又不断与时俱进""代表一个时代的风貌,引领一个时代的风气"。

在习近平总书记的启发下,张江镇浦东山歌的传承与创新有了文化自信,找到了浦东山歌传承发展之路。保护与传承浦东山歌不能仅仅唱唱经典老山歌而已,我们更要保护传承浦东山歌的文艺形式,传承它的音乐特征、韵文特征,要"实现中华文化的创造性转化和创新性发展",让浦东山歌这种文艺形式唱出新时代的风貌。前几年,我们在保护传统老山歌的基础上,编创了浦东山歌音舞组合《张江之韵》,还创作了《山歌声声献给党》《我伲张江镇自古到今有名气》《唱唱我伲新张江》《灿烂人家喜盈盈》等多首代表时代风貌的新山歌。2017年,又创作了反映生态环境整治的浦东山歌音乐剧《亲亲河水水清清》,反映过着小康生活的新时代浦东人的获得感、幸福感的浦东山歌表演唱《吃吃浦东老八样》,歌唱改革开放带来张江的巨大变化的《张江啊张江》。这些作品唱出了对党热爱的心声,在社区群众中有很好的反响,在浦东新区"大地芳菲"创作节目会演中,《亲亲河水水清清》《张江啊张江》获得新作奖,《吃吃浦东老八样》获得了优秀新作奖。

习近平总书记在党的十九大报告中说:"社会主义文艺是人民的文艺,必须坚持以人民为中心的创作导向,在深入生活、扎根人民中进行无愧于时代的文艺创造。要繁荣文艺创作,坚持思想精深、艺术精湛、制作精良相统一,加强现实题材创作,不断推出讴歌党、讴歌祖国、讴歌人民、讴歌英雄的精品力作。"①总书记的讲话,为浦东山歌的保护传承与发展指明了方向。这几年,张江镇浦东山歌创作组,又创作了宣传十九大精神的浦东山歌剧《新来的钟点工》、新山歌《新时代的领路人》、《红船颂》、《我在张江等着你》、歌颂英雄的《八女投江》、歌唱美丽乡村的《采菱新曲》以及宣传政策的《家门口服务体系真正赞》《美丽庭院好得来》《垃圾分类记在心》《垃圾分类真重要》和山歌剧《庭院芬芳》等新作品,讴歌党、讴歌祖国、讴歌新时代、讴歌人民。在这大好的新时代里,传承"浦东山歌"也要有新作为,要坚定文化自信,让浦东山歌唱出时代新声!

(此文为《今日张江》十九大征文而写)

---

① 《习近平:决胜全面建成小康社会 夺取新时代中国特色社会主义伟大胜利——在中国共产党第十九次全国代表大会上的报告》,新华社北京2017年10月27日电。

吴敬明的学习事迹

●

  吴敬明是一个喜欢主动学习的人,为了做好一件事,就认真学习,从不懂到懂,从懂到得心应手,而且喜欢把事情做得精致。初中毕业后回家务农,他勤奋好学,牛犁、车耙技术一学就会,在农业生产上是一把好手。受家庭的影响,他从少年时期就喜欢音乐,买了支笛子学吹笛,买了把便宜的二胡学拉二胡,还跟着母亲学唱山歌。他看不懂歌谱,就买了书学习乐理知识,为了能吹好笛子、拉好二胡,买了《笛子吹奏法》《怎样拉二胡》的参考书自学,还结交名师讨教经验,演奏水平得到极大提高。"学问、学问"就是"学"与"问",他是真正的"学问人",他在民族音乐方面有着丰富的积淀,是一个自学成材的"乡村音乐人"。

  20世纪80年代,当时的孙桥镇文化站成立"文艺工厂"时,任命吴敬明为文艺部负责人。为丰富群众的文化生活,孙桥镇文化站决定排练歌颂革命英雄的沪剧《母子岭》，但没有剧本也没有曲谱怎么办？吴敬明别出心裁地带了录音机在演出现场录音，回来后他凭着学到的乐理知识和听音的音准能力，花了整整半个月，把整场的音乐通过记谱记录下来，又把台词、唱词全部记录下来，整理成全场剧本。靠着这个剧本，大家顺利地开始学唱和排练。排练结束后，这场三个多小时的大型颂扬革命英雄沪剧，在新落成的"孙桥影剧院"公演。首场公演震撼了川沙文化馆的领导与全场观众，接着又应川沙县南汇县各剧场邀请，巡回演出了数百场，得到广大观众的一致好评。这与吴敬明辛勤付出是分不开的。

在负责文艺部期间，他曾为多首浦东新山歌作曲，在1986年川沙县文化局举办的"十月歌会"上，他作曲的合唱《奋斗吧孙桥》获得作曲三等奖、女声小组唱《农家姑娘进工厂》获得作曲纪念奖。在1987年"川沙县法制文艺汇演"中，吴敬明荣获"最佳伴奏员"的称号。

1997年，吴敬明创办"川臣工贸有限公司"，与上海"三智公司"协作，生产大众、通用汽车的塑料配件，如电瓶接线、车门拉手、操作台面板等。一个对于生产技术一窍不通的人，却能生产优质产品，川臣工贸有限公司在40多个供应商中脱颖而出，被三智公司评为"优秀供应商"，这与他的刻苦学习和对工作的一丝不苟是分不开的。

2014年，退了休的吴敬明，受邀担任张江镇沔北山歌戏曲队的辅导老师，重新拾起荒废了几十年音乐才艺，从事起群众文艺活动。在他的悉心指导下，那些刚入门的民乐爱好者，在演奏上有了很大的进步,经过几个星期的培训,就可以担任伴奏。那些演员,以前都是淳朴的农民,从没上过舞台,在他的指导下,用一曲浦东山歌表演唱《六样机》,竟然在张江镇的浦东山歌比赛上获得了二等奖。在吴敬明的努力下,浦东山歌唱响在沔北社区。

在老一辈浦东山歌代表性传承人的启发下,他认识到浦东山歌的传承必须要"与时俱进",有创新性发展,唱出时代的新声。这些年,他参与了反映"绿水青山就是金山银山"的浦东山歌音乐剧《亲亲河水水清清》、反映新时代浦东人的获得感、幸福感的浦东山歌表演唱《吃吃浦东老八样》、歌唱改革开放带来张江的巨大变化的女声独唱《张江我可爱的家乡》、宣传十九大精神的《新来的钟点工》、浦东山歌弹唱《新时代的领路人》、浦东山歌对唱《我在张江等着你》、浦东山歌情景表演唱《红船颂》、浦东山歌剧《八女投江》、宣传垃圾分类的《垃圾分类记在心》、宣传美丽乡村建设的山歌剧《庭院芬芳》《采菱新曲》等创新作品的作曲,用浦东山歌来歌颂党、歌颂新时代、歌颂革命先烈。他不但参与作曲,还进行教唱。这些作品唱出了老百姓对党的热爱,在社区群众中有很好的反响。《亲亲河水水清清》在张江镇内巡演了11场,受到观众好评。在浦东新区"大地芳菲"创作节目会演中,由他作曲的《亲亲河水水清清》《张江啊张江》《庭院芬芳》获得"新作奖",《吃吃浦东老八样》和《采菱新曲》获得了"优秀新作奖"。

由于吴敬明在浦东山歌的保护与传承上有着突出的成绩,2016年,他被浦东新区文化广播电视局评为非物质遗产项目浦东山歌代表性传承人,2019年荣获张江镇"老有所为之星"称号。

在新冠病毒施虐的社区隔离时期,吴敬明虽闭关在家,但心系抗疫,他拿起了笔,创作了声援武汉抗疫的《为武汉加油》,歌颂白衣天使逆行武汉抗疫的《我看到你》《生命的火光》浦东山歌,还根据沪剧曲调填写了《遥望武汉心难静》《要让祖国大地来回春》两首唱词。他把这些作品做成音频、视频,在多个微信群里传播,激励了人们抗疫的信心。他还为歌颂隔离抗疫时期志愿者的山歌剧《守门人》作曲,还参与排练指导。吴敬明的这种"文化自觉性",是与他在政治思想上的勤奋学习分不开的,这种精神非常可贵。

在生活中,学习的机会无处不在,有一句话叫作"处处留意皆学问"。在学习中,学到的知识是抽象的,把学到的知识运用到具体的实践中去,并得到社会认可,才是学习的成效。吴敬明踏上社会后,始终抓住学习的机会,学习使他丰富了知识、增长了技能,他学以致用,服务于社会,并有丰硕的成果。他是一个终身学习的典范,是一个真正的"学习之星"。

(本文系2022年笔者为张江镇社区学校推荐"上海市老年学习之星"写的推荐报告。后来吴敬明老师被评为浦东新区唯一的"上海市老年学习之星")

图书在版编目(CIP)数据

留住历史的记忆 / 奚保国编著. -- 上海 : 上海社会科学院出版社, 2024. -- ISBN 978-7-5520-4605-2

Ⅰ. K892.451-53

中国国家版本馆 CIP 数据核字第 2024YX9018 号

留住历史的记忆

编　　著：奚保国
责任编辑：周　霈　陈　军
封面设计：杨晨安
出版发行：上海社会科学院出版社
　　　　　上海顺昌路 622 号　邮编 200025
　　　　　电话总机 021-63315947　销售热线 021-53063735
　　　　　https://cbs.sass.org.cn　E-mail:sassp@sassp.cn
照　　排：南京展望文化发展有限公司
印　　刷：苏州市古得堡数码印刷有限公司
开　　本：710 毫米×1010 毫米　1/16
印　　张：19.25
字　　数：206 千
版　　次：2024 年 12 月第 1 版　2024 年 12 月第 1 次印刷

ISBN 978-7-5520-4605-2/K·742　　　　定价：96.00 元

版权所有　翻印必究